广东省教育厅科研项目"此心安处是吾乡——来华留学生的华文化认同分析"（pdjh2020b0213）
创新强校工程项目"双边外交关系对教育服务贸易规模的影响研究"　　资助
2020年广东省高校党建理论研究课题：新形势下"党建+课程思政"协同育人模式研究

唐静　许陈生　王一仟　等/著

来华留学服务贸易高质量发展研究

LAIHUA LIUXUE FUWU MAOYI GAOZHILIANG FAZHAN YANJIU

中国财经出版传媒集团

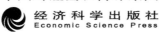

经济科学出版社
Economic Science Press

图书在版编目（CIP）数据

来华留学服务贸易高质量发展研究／唐静等著．——
北京：经济科学出版社，2021.11
ISBN 978 - 7 - 5218 - 3229 - 7

Ⅰ.①来⋯　Ⅱ.①唐⋯　Ⅲ.①留学服务 - 服务贸易 -
研究 - 中国　Ⅳ.①G648.9

中国版本图书馆 CIP 数据核字（2021）第 252269 号

责任编辑：杜　鹏　刘　悦
责任校对：杨　海
责任印制：邱　天

来华留学服务贸易高质量发展研究

唐　静　许陈生　王一仟　等著
经济科学出版社出版、发行　新华书店经销
社址：北京市海淀区阜成路甲 28 号　邮编：100142
编辑部电话：010 - 88191441　发行部电话：010 - 88191522
网址：www. esp. com. cn
电子邮件：esp_bj@ 163. com
天猫网店：经济科学出版社旗舰店
网址：http://jjkxcbs. tmall. com
北京时捷印刷有限公司印装
710 × 1000　16 开　14.75 印张　250000 字
2021 年 12 月第 1 版　2021 年 12 月第 1 次印刷
ISBN 978 - 7 - 5218 - 3229 - 7　定价：79.00 元
（图书出现印装问题，本社负责调换。电话：010 - 88191510）
（版权所有　侵权必究　打击盗版　举报热线：010 - 88191661
QQ：2242791300　营销中心电话：010 - 88191537
电子邮箱：dbts@ esp. com. cn）

前　言

中国致力推动国际间各领域多层次的交流合作。"一带一路"倡议推行后，我国积极打造政策联通、设施互通、贸易畅通、资金融通、民心相通的利益共同体，致力于实现区域经济乃至全球经济的共同发展。在当今贸易保护主义抬头的趋势下，"一带一路"倡议以六大经济走廊为载体，构建新的贸易投资格局和合作交流形式，倡议的不断纵深发展为中国的对外开放工作创造了新契机，是实现区域经济互利共赢的伟大创举。2013～2019年，中国与"一带一路"沿线国家货物贸易累计总额超7.9万亿美元，对其直接投资总额超1万亿美元，且货物贸易增速与投资增速皆呈上升趋势。2019年中国与"一带一路"沿线国家的进出口贸易额达到1.35万亿美元，约占当年中国进出口总额的30%，沿线国家已成为中国对外投资与贸易的重要伙伴国。从出口商品的贸易结构来看，随着"中国智造"的提出，我国出口商品的附加值稳步上升。2013～2018年，中国对"一带一路"沿线国家出口商品中资本品的出口额逐年提升，占比从18%上升到25%，而消费品的出口额有所下滑，由此可见出口结构的优化。[①] 与此同时，中国与"一带一路"沿线国家在文化教育上的交流也越来越密切。2019年中国也成为亚洲第一大留学目的国，其中，"一带一路"沿线国家的留学生更是来华留学的主力军。

为加快民心互通工程的建设，以使民心互通带动贸易畅通，2016年中共中央印发了《关于做好新时期教育对外开放工作的若干意见》，该意见指出要发挥教育的宣介作用，实现"教育外交"。教育服务贸易作为新的经济增

---

① 资料来源：根据 UN Comtrade 数据库数据整理得到。

长点，日渐成为各国经济部署的重要战略之一。根据服务贸易总协定（GATS）的划分，教育服务贸易可分为四种方式，分别是跨境交付、境外消费、商业存在、自然人流动。国际学生流动作为境外消费的表现形式，占据绝对主体地位，构成了90%以上的经济份额。

2019年，中国成为全球第四大留学生目的国，来华留学生总规模达48.9万人次，但总体质量不高，学历生占比仅为52.4%。我国来华留学教育服务贸易起步较晚，相较于美国（109万人）、澳大利亚（55.6万人）、加拿大（49.4万人）等教育资源大国，来华留学生带来的直接经济效益并不明显，而且教育服务贸易存在巨额逆差。作为国际人才流动的重要组成部分和主要体现形式，来华留学生可以作为知识的载体，其形成的社会网络有助于我国文化的传播从而间接地创造就业岗位，促进经济发展。因此，我国高度重视作为双边联结纽带的留学生团体，坚持教育对外开放不动摇，积极鼓励来华留学，以期教育互通带动文化互通和民心相通，促进贸易畅通。

已有研究认为，社会网络关系在国际贸易投资领域发挥着重要的渠道引导作用。跨越国界的国际人才流动所形成的社会网络关系，能降低非正式的贸易交易壁垒，从而促进国际贸易的发展。那么，来华留学生作为国际人才流动的典型代表，来华留学教育形成的社会网络关系对我国与生源国之间的贸易活动是否产生了影响？影响如何？这些就是本书所要研究的内容。

作者

2021 年 10 月

目 录

第一章

来华留学服务贸易发展现状

第一节　来华留学教育服务贸易的概念与形式

服务贸易是指一国（地区）向另一国（地区）直接提供服务，以满足另一国（地区）某种需要，并从中取得报酬的活动。一国（地区）境内向另一国（地区）提供服务并获得收入的过程称为服务出口，购买他人服务的过程称为服务进口。世界贸易组织（WTO）的《服务贸易总协定》对教育服务贸易进行了界定，将其归类到服务贸易 12 大类下的第 5 类，明确了教育的贸易属性。《服务贸易总协定》第十三条界定了教育服务贸易的范畴，定义除了由各国政府完全资助的教学活动之外的，带有商业性质及收取学费的教学活动都属于教育服务贸易的范畴。

其中，留学活动是教育服务贸易的主要内容，以跨境留学为代表的境外消费的开放程度最高，使其成为各国教育服务贸易的主要形式。留学教育服务贸易在实践中依赖于教育机构的设置，与国际人才的跨境流动和跨境消费密切相关（见表 1－1）。留学教育服务贸易具有有偿性、贸易周期长、受语言及文化等因素影响大的特性。本书研究的来华留学教育服务贸易是指国外学生来中国进行一定时期学习或进修，接受中国教育机构提供的教育服务。

表 1-1　　　　　　　　教育服务贸易的提供方式和服务形式

提供方式	服务形式
跨境交付	基于信息与通信技术的远程教育、虚拟教育机构等网络教学服务
境外消费	在一国（地区）境内向国外（地区）消费者直接提供服务，例如留学活动
商业存在	在外国（地区）境内设立或合办教育机构来提供教育服务
自然人流动	本国教育工作者到国外（地区）境内进行工作，例如聘用外国教师

第二节　来华留学教育发展历程

来华留学教育事业的发展经历了从一元价值向多元价值的转变（杨既福，2016）。留学生来华交流项目始于外交目的，而非出口创汇。中华人民共和国成立后至改革开放前的一段时期，政府把接受来华留学生的目的单一而明确地定位为履行国际援助义务，这也是我国在特殊时期实行的对外政策战略。① 即使在财政条件不足的情况下，中国在 1950~1965 年仍接收了来自 70 个国家共 7000 余名留学生或交换生。自 1950~1978 年的 28 年，中国累计培养了 12800 余名留学生，大部分学生归国后都成长为与中国开展友好合作的中坚力量（赵春明等，2015）。

改革开放后，随着经济体制的转变、政策理念的开放使我国政府重新审视来华留学教育事业，来华教育的定位也有了重大调整，自费留学生开始进入中国。1983 年国务院在《国务院关于批转教育部、外交部、公安部关于安排外国进修生和研究学者有关问题的请示的通知》中指出，开展来华留学生教育有助于我国对外文化交流、提升高等院校学术水平。来华留学教育的政策定位从大国外交延伸到文化交流领域。到 20 世纪 90 年代中叶，来华留学的定位重新得到调整。来华留学工作在为国家外交全局服务的同时，也要致力于提升教育国际化水平，致力于推进经济和社会发展。在这个阶段，来华留学生规模实现了量的飞跃，但从质上看，多为短于 1 年的短期交流生，生源国也是集中于前期已与中国建交的国家。此时来华留学教育事业仍定位

---

① 1963 年 12 月，中央转批教育部党组《关于外国留学生工作会议的报告》所作评论。

于公共服务事业，公立学校属于非营利性事业单位。

进入 21 世纪，随着改革开放更加深入，教育与国际化接轨更加明显，尤其是我国于 2001 年加入世界贸易组织（WTO），根据服务贸易条款，我国逐步地承认教育的产业属性并开放部分教育服务。由于过去几十年的文化外交使中国对许多海外学生有吸引力。同时，作为一个发展中国家，中国经济在几十年间的腾飞也在国际社会上释放了积极的信号，使国际学生能够肯定中国未来的发展价值。而且与发达国家大学收取的昂贵学费相比，中国的学费相对低廉，进一步吸引了国际学生来华。在此基础上，以商业和服务贸易为导向的教育国际化便出现了。此后，来华留学教育体制不断完善，国家先后颁布了《高等学校接受外国留学生管理规定》《留学中国计划》《国家中长期教育改革和发展规划纲要（2010－2020 年）》等规范性文件，对来华留学生的招录、校内外管理、出入境、奖助学金设置等进行了系统全面的规定，并且更加关注过程管理和学生权益保障，有效提高了来华留学生的规模和质量，逐步形成开放有序、价值多元的来华留学教育格局。具体而言，来华留学教育服务贸易主要经过了以下三个发展阶段。

第一，发展起步阶段（1949～1977 年）。改革开放前，来华留学教育服务贸易正处于起步阶段，留学教育服务贸易规模小，此时的中国政府接收国际学生主要出于政治外交的目的，留学方式以公派为主，留学生大部分来自与中国建交的国家和支持社会主义新中国的国家。根据《中国教育统计年鉴》的统计数据，1950～1960 年，全国共接收了来自 70 个国家共 7259 名留学生。"文革"期间，我国的留学教育服务贸易进入停滞阶段，暂停了国际教育文化交流，此时中国的教育服务贸易发展进程是相当缓慢的，贸易属性并不明显。

第二，快速发展阶段（1978～2000 年）改革开放后，邓小平同志做出重要的指示，国家需大力扩大留学生的数量，推动教育对外开放，从此我国教育服务贸易开始步入发展新阶段。多部委先后出台了不同层次的促进留学生来华的规章制度，规范了留学生管理办法。来华留学生的学历层次更加丰富，学科领域得到扩展。1989 年政府出台了《关于招收自费外国来华留学生的有关规定》，此举意味着中国政府开始重视并大力倡导自费留学，在规定中将自费留学生的招生数量决定权下放至院校，从此开启了来华留学生规模迅猛增加的势头，自费生的数量和比例均得到扩大，来华留学教育更加市场化与规范化。1990 年，自费生的人数超过了获得政府奖学金的人数，可见留学活动不再只是政府奖学金导向的活动，而是留学生主观决策的行为。1995 年，政府颁布的《中外合作办学暂行规定》促进了我国教育事业"走出去"。

第三，全面发展阶段（2001 年至今）。2001 年，中国政府加入世界贸易组织，在世界贸易组织规则中寻求新机遇和挑战，标志着来华留学教育服务贸易进入了全面发展阶段。为了更好地服务中国经济增长和教育国际化发展，满足民众日益增长的教育需求，中国就服务贸易总协定（GATS）贸易减让表上给出承诺，选择在初等、中等、高等、成人教育及其他教育服务五个项目上做出对外开放的承诺。从提供方式来看，以跨境留学为代表的境外消费是完全开放市场，这意味着中国学生可以自由出国留学，国外学生可以自由选择来华留学并享受与中国学生同等的待遇。即在出国留学和来华留学的市场准入和国民待遇方面不设限制与干涉，完全参与到国际教育服务贸易的竞争中。而跨境交付、商业存在以及自然人流动涉及更多的政治和商业敏感，选择了有条件的部分承诺，因而发展较为缓慢。"入世"后为了学习西方先进的现代科学和技术，促使中国长期呈现出"国热"的现象，相对出国留学规模的激增，来华留学规模相对更小，加大了教育服务贸易赤字，使教育服务贸易长期处于逆差境地。与此同时，来华留学教育服务贸易增速下降，在构建"一带一路"教育共同体的共同目标下，"一带一路"沿线国家新生有望成为拉动来华留学服务贸易规模增长的主要供给力量。

第三节　来华留学教育服务贸易规模现状

一、来华留学规模及特征

近年来，中国政府高度重视来华留学生教育，先后出台了一系列政策，鼓励开展留学生招生，来华留学生规模持续攀升，保持上涨态势。2018 年，中国已成为继美国和英国以后全球第三大高等教育留学目的国，展示出中国教育国际化的成果。图 1 - 1 数据显示，2000 年来华留学生人数仅 5. 22 万人，2018 年的来华留学生规模突破 49 万人，同比增幅上涨约 1%，是 2000 年来华留学生规模的近 10 倍。从来华留学生的规模增速曲线来看，2000～2018 年来华留学生规模的年均增长率达 14%，增速先后出现两次高峰。2002 年来华留学生规模同比增速高达 39%，出现第一次增速高峰。受"非典"疫情的影响，2003 年来华留学生规模同比下降 9.45%，随后在 2004 年的增速上出现反弹，同比增速高达 43%，迎来规模增速的第二次高峰，来华留学生人数首次突破 10 万人。此后，来华留学生的总人数虽然一直在不断增加，但同比增幅呈向下的趋势，这意味着来华留学生的规模增速逐渐放缓，暴露出发展后劲不足的问题。

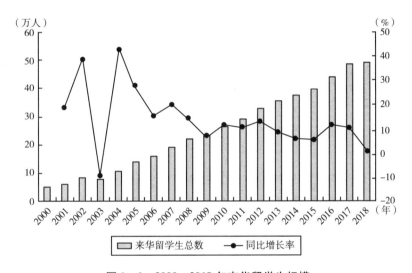

图 1－1　2000～2018 年来华留学生规模

资料来源：教育部国际合作与交流司编写的 2000～2018 年《来华留学生简明统计》。

二、来华留学服务贸易现状及特征

与西方发达国家相比，我国教育服务贸易起步晚、发展慢。从教育大国崛起到向教育强国迈进的过程中，我国教育服务贸易长期存在严重逆差，且整体经济效益较差。具体体现在数量效应和价值效应两个层面。

从数量效应的角度出发，在整体上，我国出国留学人员规模长期大于来华留学人员。根据联合国教科文组织数据估计显示（见表 1－2），2014～

2018 年我国国际流动留学生净流量（流入－流出）均为负值，净流量缺口较大，且呈逐年扩大趋势。与欧美等教育强国相比，我国教育服务贸易发展失衡，规模总量负增长。

表 1－2 国际流动学生净流量（流入－流出）

国家	2014 年		2015 年		2016 年		2017 年		2018 年	
美国	(‡)	764421		826691		887433		898302	(‡)	902965
澳大利亚	(‡)	253676		282295		322663		367644	(‡)	431195
英国	(‡)	398661		399354		397503		399198	(‡)	413093
俄罗斯	(‡)	157396	(‡)	168993		186255		193860	(‡)	204784
德国	(‡)	92044		111658		126487		135912	(‡)	189200
加拿大	(‡)	116737	(＋)	121684	(＋)	138895		160404	(‡)	176203
法国	(‡)	153050		152725		154507		168968	(‡)	130135
日本	(‡)	98803		101423		111808		132576	(‡)	150845
新加坡		—		—		27829		29476	(‡)	28004
韩国	(‡)	－57655		－53317		－43582		－34704	(‡)	－17025
印度	(‡)	－176962		－215013		－260598		－294739	(‡)	－328978
中国	(‡)	－662567		－696728		－730792		－771257		－815096

注：（＋）表示国家估值；（‡）表示 UIS 估值。

资料来源：http：//data.uis.unesco.org/

从价值角度出发，一国的公费留学人数与奖学金政策反映了政府对留学教育的政策支持力度，是一国政府外交战略和文化战略体现。而自费生的人数则可以用来反映我国的教育服务贸易的获益情况，体现留学教育服务贸易的商业价值。值得注意的是，自费来华留学生比例长期保持在 86% 以上，因此，从形式上看，来华留学生长期以自费形式为主。图 1－2 的数据显示，2000 年，自费生人数仅为 46788 人，2018 年自费生规模高达 429144 人，同比增长 7.6%，约为 2000 年自费生规模的 9.17 倍。根据教育部公布的数据显示，2018 年度中国出国留学人员总数为 66.21 万人，其中，自费留学生达 59.63 万人，自费留学生赤字高达 16.72 万人。

根据《来华留学生教育经济效益研究课题》提供的数据，经测算来华留学本科生的年均费用为 64500 元/人；来华留学研究生的年均费用为 75500

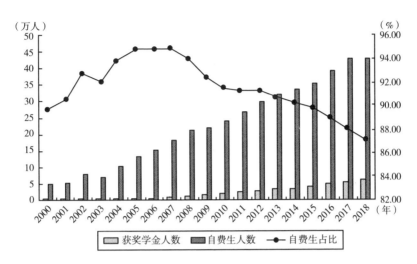

图1-2　2000～2018年自费生与奖学金生人数及占比

资料来源：教育部国际合作与交流司编写的2000～2018年《来华留学生简明统计》。

元/人；来华留学非学历生的年均费用为37000元/人；结合2000～2018年的来华留学生人数和当年的人民币汇率中间价可测算出来华留学教育服务的出口额，测算结果如图1-3所示，2018年，中国的留学教育服务贸易出口额仅为38亿美元。根据《泰晤士报》公布的全球留学费用排行榜，美国的留学费用依旧保持榜首，平均为49185英镑/年；澳大利亚的留学费用排名第二，平均为32560英镑/年；排名第三的国家是新西兰，平均为29627英镑/年。

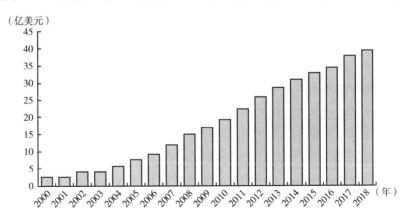

图1-3　2000～2018年中国留学教育出口额

资料来源：《来华留学生教育经济效益研究课题》。

有学者测算前往发达国家的留学费用为来华留学费用的 2~5 倍（李航敏，2014），鉴于中国每年都有大量的留学生流入发达国家，如美国、英国、澳大利亚等教育强国，留学费用之间的显著差异成为造成中国留学教育服务贸易出口额偏低、留学教育服务呈现长期逆差态势的主要原因。

第四节　来华留学教育服务贸易的构成

一、生源国分布情况

来华留学服务贸易来源国广泛，但分布集中。受地缘政治因素和文化差异影响，近 20 年来中国教育服务贸易的主要出口对象是亚洲国家，来华留学生国别呈现稳中有变的格局。从 2000 年起，韩国便取代日本，成为来华留学人数最多的生源国，且一直保持至今。2018 年韩国来华留学生有 5.1 万人，约占来华留学总人数的 1/10。在来华留学的前十大生源国中，泰国、巴基斯坦、印度、俄罗斯、印度尼西亚、老挝及哈萨克斯坦七个国家都属于"一带一路"沿线国家，可见我国的留学教育在沿线国家具有较强的吸引力和出口优势。与 2008 年数据相比，前三大生源国中的美国、日本已被泰国、巴基斯坦后来居上，说明发展中国家对中国留学服务的需求增强。

第一，从距离层面分析，留学生主要来自低文化距离国家。地理是产生文化差异的因素之一，根据《2018 来华留学简明统计》的统计数据，2018年来自中国周边国家的留学生人数占来华留学生规模的比例过半，历史上周边国家与我国在文化和语言的交流方面更加深厚长久，产生了一定的文化共性，长期以来形成了华人圈和汉文化圈的社会网络，因此，周边国家的学生来华留学具有一定的优势，相对来说更容易产生文化认同感，从而选择来华留学。从图 1-4 可知，2018 年来华留学生人数排名前 11 位的国家中，大部分国家与中国拥有共同的国界，有些国家没有共同的国界但在历史上深受汉文化的影响。除了美国，其余国家经测算得出的文化距离均低于平均值2.45，属于低文化距离组别的国家范畴。由此可以直观看出，地缘与文化影响生源结构的形成。

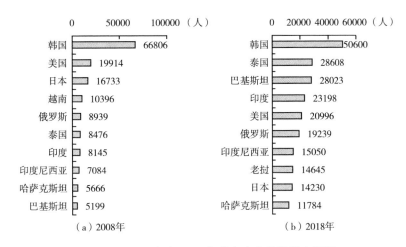

图1－4　2008年和2018年前十大来华留学生源国

资料来源：教育部国际合作与交流司编写的2008年和2018年《来华留学生简明统计》。

第二，从洲别层面来看，留学生主要来自亚洲。表1－3的数据显示，从2000～2018年，来华留学生的生源主要集中在亚洲市场，然后是欧洲、非洲、美洲和大洋洲。亚洲生源占来华留学生总数的比例保持在59%～75%。亚洲生源长期占据来华留学生的生源结构构成的主体地位。生源结构的变化上，亚洲的来华留学生长期占据主力地位，但是占比呈下降的趋势，亚洲来华留学生占比由2000年的占比74.85%下降至59.95%。非洲来华留学生的结构百分比呈明显上升趋势，欧洲、美洲和大洋洲的结构百分比有所变动，但变化幅度不大，说明来华留学生的生源结构分布更加均匀，同时中国的文化大国优势还未充分发挥，仍有潜力巨大的来华留学市场值得深入开拓。自2000年首届中非合作论坛召开后，中非政治、文化、经济的交流日益密切，非洲大多数国家教育资源落后，中国用自身的经济实力和软实力向非洲展示了教育方面的影响。从占比结构来看，2000年非洲来华留学生占留学生总人数的比重仅不到3%，到2018年比重上升至16.57%，并有持续上涨的趋势。从数量规模的变化来看，2000年非洲来华留学生仅有1388人，经过近10年的发展，2009年非洲来华留学生人数首次破万人，2004年非洲来华留学生人数的同比增幅达到了峰值，增速高达202%，人数更是突破6万人，2018年的非洲来华留学生规模是2000年的58.8倍，而亚洲、欧洲、美洲、大洋洲在2018年的来华留学生人数仅为2000年的7.55倍、12.65倍、6.94倍和8.13倍，可见非洲来华留学生规模的平均增速明显高于其他洲。另外，获得奖学金的非洲留学生的比例也明显长期大于其他洲，可见中国在留学生生源结构上有向非洲地区调整和倾斜的趋势，也在一定程度上反映了中国教育服务贸易也有对外援助的目标。

表1-3　　　　　　　　　来华留学生的洲别比例分布　　　　　　　　单位：%

年份	亚洲	非洲	欧洲	美洲	大洋洲
2000	74.85	2.66	11.16	9.86	1.47
2001	74.58	2.47	10.86	10.36	1.73
2002	76.97	1.92	9.47	10.36	1.31
2003	81.93	2.31	8.31	6.05	1.40
2004	76.79	1.97	10.40	9.65	1.20
2005	75.73	1.95	11.67	9.37	1.28
2006	74.33	2.30	12.71	9.60	1.07
2007	72.47	3.03	13.47	10.06	0.97
2008	68.43	3.94	14.52	11.88	1.23
2009	67.85	5.22	15.06	10.73	1.14
2010	66.32	6.19	15.80	10.27	1.42
2011	64.21	7.09	16.15	11.05	1.50
2012	63.22	8.24	16.58	10.62	1.34
2013	61.66	9.36	17.26	10.39	1.33
2014	59.80	17.90	11.05	9.58	1.66
2015	60.40	16.79	12.52	8.79	1.51
2016	59.84	13.91	16.11	8.60	1.54
2017	59.94	15.18	15.35	8.01	1.52
2018	59.95	16.57	14.96	7.26	1.28

资料来源：教育部国际合作与交流司编写的2000～2018年《来华留学生简明统计》。

第三，从"教育外交"层面分析，"一带一路"沿线国家学生成为来华留学的主力军。随着"一带一路"教育行动计划的推进，中国与"一带一路"沿线国家留学教育事业有了更加深入的交流合作，通过与"一带一路"沿线国家签署教育学位互认协议、成立高校专项联盟、设立专项"一带一路"专项奖学金、优化沿线留学生实习就业政策等举措，极大地促进了"一带一路"沿线国家学生来华留学。如图1-5所示，根据《2018来华留学简明统计》的统计数据，2018年"一带一路"沿线国家来华留学生规模达

25.9 万人，占比约为 53%，由此可见"一带一路"沿线国家学生已成为来华留学生的主力军。

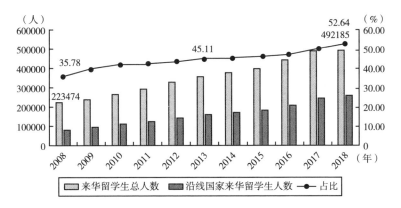

图 1-5　2008~2018 年"一带一路"沿线国家来华留学生占比

资料来源：教育部国际合作与交流司编写的 2000~2018 年《来华留学生简明统计》。

二、区域分布情况

来华留学生在我国分布广泛且相对集中。在宏观层面，我国 31 个省（区、市）均有接收来华留学生。在微观层面，各地实际情况大相径庭，来华留学教育事业发展各不相同，来华留学生规模也相差较大。具体表体现为：来华留学生分布相对集中于经济环境优越、国际化程度高、教育资源丰富、文化底蕴强且交通便利的地区。如图 1-6 所示，以 2008 年和 2018 年为例，2008 年来华留学生总数为 223499 名。其中，北京市来华留学生总数为 66316 名，约占 2008 年来华留学总数的 30%。上海市来华留学生人数为 36738 名，约占 16%。仅北京市、上海市吸引了全国近 1/2，约 46% 的来华留学生。在历经 10 年发展后，我国政治、经济、文化、社会建设全面发展，在国际社会取得了举世瞩目的成就。2018 年，我国来华留学教育事业发展趋于合理，进入提质增效的新时期，但整体区域分布不均衡，仍然呈现相对集中态势。2018 年来华留学生总数为 492185 名，北京市来华留学生 80786 名，约占该年来华留学生总数的 16%。其他全国规模前四名地区，分别为上海市占 12%，江苏省占 9%，浙江省占 8%，辽宁为 6%。以上五地来华留学生规模总和仍占该年全国总量的 51%。

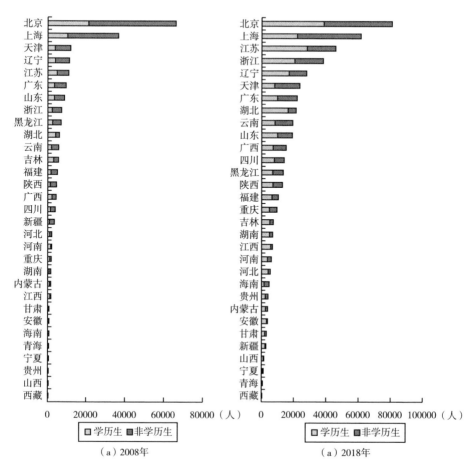

图 1 - 6　2008 年、2018 年来华留学生省（区、市）分布

资料来源：教育部国际合作与交流司编写的 2008 年和 2018 年《来华留学生简明统计》。

三、国内院校分布情况

近年来，随着教育国际化深入发展，来华留学教育事业蓬勃发展。但受众多因素影响，来华留学生在国内院校分布不均衡。

根据教育部国际合作与交流司编写的《来华留学生简明统计》，2008 年我国 592 所院校接收来华留学生的院校中，接收留学生超过 500 名及以上的院校有 93 所（见图 1 - 7）。即占当年有接收来华留学生院校的 15.7% 的院校，接收的留学生，占当年来华留学生总数的 75.2%。2018 年 1004 所院校接收来华留学生的院校中，接收留学生超过 500 名及以上的院校有 249 所（见图 1 - 8）。即占当年有接收来华留学生院校的 24.8% 的院校，接收的留学生，占当年来华留学生总数的 80.9%。图 1 - 7 和图 1 - 8 分别展示了 2008 年和 2018 年来华留学生规模排名全国前 20 位的各高校来华留学生分布情况。

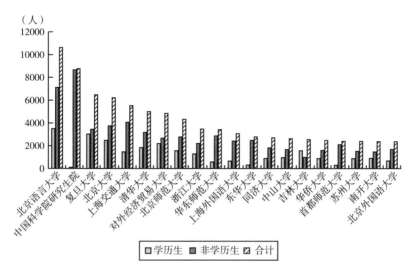

图 1 - 7　2008 年来华留学生院校分布（总规模排名前 20 位）

资料来源：教育部国际合作与交流司编写的 2008 年和 2018 年《来华留学生简明统计》。

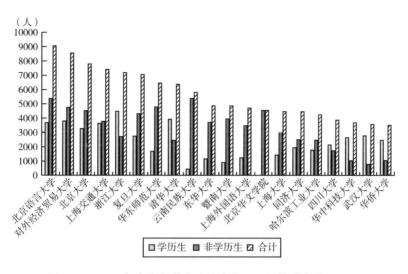

图 1 - 8　2018 年来华留学生院校分布（总规模排名前 20 位）

资料来源：教育部国际合作与交流司编写的 2008 年和 2018 年《来华留学生简明统计》。

四、学生层次分布情况

根据在华接受教育的层次，来华留学生可以分为学历生和非学历生。图1-7的数据所示，2000年学历生规模仅1.37万人，非学历生规模为3.84万人，为学历生规模的2.8倍。随着国家高度重视对来华留学生培养质量，学历生的比例逐渐上升。分析来华学历生的增速可知（见图1-9），2000~2018年，学历生人数的平均增速大于来华留学生人数平均增速，且从2004年开始，学历生人数的同比增速一直高于非学历生人数同比增速。最终在2018年时，学历生规模达到25.81万人，非学历生规模达到23.4万人，学历生首次超过非学历人数，来华学历生占比达52.4%，印证了我国的教育服务贸易结构在不断地优化，留学教育服务贸易的国际竞争力增强，对世界留学生的吸引力也在不断加强，展示了在提升中国留学教育质量方面的成就。

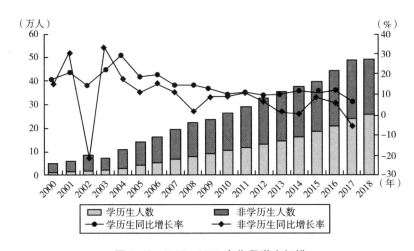

图1-9 2000~2018来华留学生规模

同时，学历来华留学生又分为专科生、本科生和硕博研究生等需在华接受长期学历教育的留学生。如图1-10所示，2008年三者规模依次为860名、64864名、14281名，分别占当年来华留学总数的比重为0.4%、29%和6.4%。在当年学历来华留学生中，本科生人数是专科生人数的75.4倍，是研究生人数的4.5倍。随着我国来华留学教育飞速发展，专科生、本科生和研究生规模逐年增加。2008～2018 年，学历来华留学生中，专科生、研究生规模长期小于本科生规模。其中，研究生规模同比增速长期大于本科生。来华留学专科生在学历留学生中规模最小，但其规模增长率在 2010 年超过本科生规模增长率，并于 2012～2018 年规模增速超过研究生，成为同比增速最快的学历来华留学生群体。

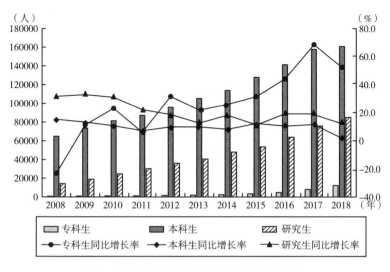

图 1-10　2008～2018 学历来华留学生分布

五、学科分布情况

2008～2018 年，我国接受来华留学生的专业（类）大约 15 个，分别是：汉语言、西医、文学、经济、中医、管理、工科、法学、艺术、理科、体育、历史、农科、哲学和教育。接受来华留学生专业（类）数量每年均有所不同，大约在 13～15 个专业。

从整体上看，来华留学生（包括学历生和非学历生）大部分选择就读汉语言专业。同时，西医、经济、管理、工科和文学也是备受来华留学生欢迎的热门学科（类）。根据 2008 年、2018 年《来华留学生简明统计》（见图 1-11），2008 年，来华留学生达到或超过 5000 名的专业（类）有 8 个，数量由多到少依次为：汉语言、西医、文学、经济、管理、理科、中医和工科。其中，仅汉语言专业来华留学生，占当年来华留学生总数的55.7%①。到了2018年，来华留学生达到或超过5000名的专业（类）有12个，数量由多到少依次为：汉语言、工科、西医、管理、经济、文学、法学、中医、理科、艺术、教育、农科。其中，汉语言专业来华留学生，占当年来华留学生总数的37.7%②。

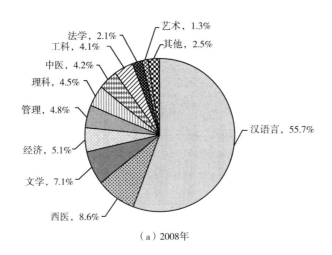

（a）2008年

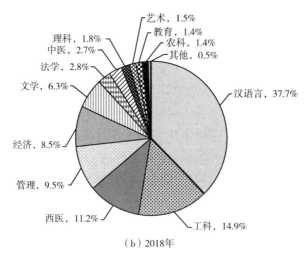

（b）2018年

图 1-11 2008 年、2018 年来华留学生学习专业（类）分布

---

① 参见教育部国际合作与交流司所编的《2008 来华留学生简明统计》。
② 参见教育部国际合作与交流司所编的《2018 来华留学生简明统计》。

　　在学历来华留学教育方面，来华留学本科生中，西医专业学生规模占比最高。汉语言和经济专业（类）次之。自 2016 年之后，工科专业来华留学本科生规模超过汉语言专业学生，跃居第二位。而在来华研究生中，管理和工科专业（类）长期规模占比最高。根据 2008 年、2018 年《来华留学生简明统计》（见图 1-12、图 1-13），2008 年和 2018 来华本科生超过 3000 名的专业（类）各有 7 个。2008 年研究生达到或超过 1000 名的专业（类）有8 个，2018 年有 12 个。

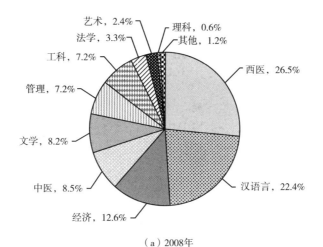

（a）2008年

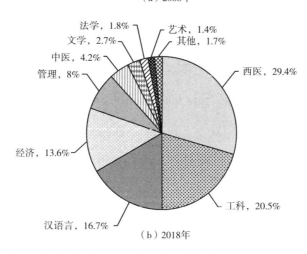

（b）2018年

图 1-12　2008 年、2018 年来华本科生学习专业（类）分布

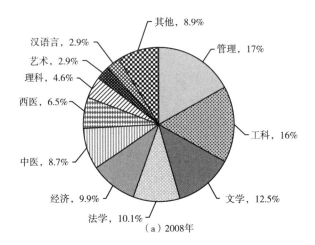

（a）2008年

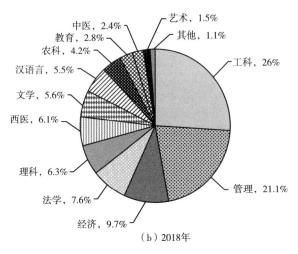

（b）2018年

图1-13　2008年、2018年来华研究生学习专业（类）分布

总之，随着近年来中国经济、政治、文化建设全面发展，来华留学生教育事业飞速发展。来华留学生群体在生源国、国内区域、院校、学历、专业等方面呈现出"整体分布广泛却又相对集中"的趋势。具体体现在规模与质量发展不匹配，尽管如此，在来华留学生规模持续扩大、稳步提高的背景下，我国刚形成以学历生为主的留学教育服务贸易出口形式，来华留学教育服务贸易质量的发展相对落后缓慢。相较美国、英国、澳大利亚等发达国家，以培养学历生为主的格局已定，对比出来华留学生质量不足的问题。鉴于目前我国正处于世界第三大留学教育出口国的地位，我们不能仅仅关注总

体规模提升的成就，更应看到来华留学教育服务贸易在发展中暴露出的规模与质量发展不匹配的问题。

　　同时，来华留学规模在一定程度上受到国家政策的导向作用。服务于国家外交大局，"一带一路"倡议极大地推动了中国与沿线国家的人文交流和教育合作。伴随着"一带一路"倡议的完善和政策的有效实施，沿线国家来华留学生的学历层次也有所提升。由图1-14可看出，近几年学历生和非学历生都呈增长态势，并且学历生的规模远大于非学历生规模，差距还逐渐拉大。如图1-14所示，沿线国家学历生占比一直在53%以上，2018年达到60.95%，可见沿线国家来华留学生多偏向于学历教育，学历层次水平高。留学生在华长期学习的意愿较高，这是对来华留学教育质量的肯定。同时这也充分体现了我国与"一带一路"沿线国家在教育合作上已取得一定成效。

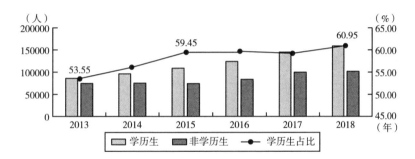

图1-14　2013～2018年"一带一路"沿线国家来华学历生与非学历生人数

资料来源：教育部国际合作与交流司编写的2008～2018年《来华留学生简明统计》。

第二章

政治因素对来华留学服务贸易的影响

第一节　国际外交关系与来华留学服务贸易

　　新中国来华留学具有先天的外交属性①。首先，从本质上来说，政治双边外交关系是两国之间的一种特定的具有主观能动性的制度安排，出于维护国家安全，加强经济交往，扩大国际影响等战略考虑，一个国家与另一个国家结成不同程度的政治外交关系，其代表了两国之间的复杂关系。双边政治外交有助于双方之间相互理解、相互信任、相互交流，从而减少由于双边政治冲突与政治偏见带来的不确定因素，减少生源国来华的安全顾虑。其次，积极的双边政治互动，有助于增强我国对生源国的教育服务贸易的影响力与软实力，从而改变生源国对我国高等教育服务贸易中带有歧视性或抵制的选择偏好；我国政府也可以通过积极的双边外交关系对生源国施加一定的政治影响，防止生源国政府针对来华留学制定相应的歧视性条款或政策，阻碍来华留学教育服务贸易的发展。

第二节　国际外交政治因素及影响假设

　　双边外交关系可从建交历史、双边政治关系定位、双边高层访问频次、

①　赵忠秀. 迈向亚洲最大留学目的地国——新中国来华留学综述 [J]. 神州学人, 2015 (7)：4 - 7.

民间外交密切程度等方面衡量。其中，建交历史和双边政治关系定位反映了长期的双边关系，高层访问则是最重要的双边外交活动，反映了双边外交关系的短期变化情况，且这三者均属于正式的官方层面外交关系；民间外交具有公共外交属性，反映了非官方和半官方层面的双边外交关系，民间外交是官方外交的重要补充，而建立姐妹友好城市是双边民间交流的典型形式。因此，接下来本章在研究双边外交关系对东道国学生来华留学的影响机制时，具体区分了双边政治关系定位、建交历史、双边高层互访以及民间外交方式四种工具的具体作用。

一、双边政治关系定位

对于来华留学生来说，双边政治关系是长期性的双边外交正式制度安排。而制度的最大功能在于创建秩序，为各项双边交流顺利进行提供了基础保障。双边政治关系的定位有利于双边国家留学政策规则的创造与完善，促进双方教育服务贸易的发展。东道国不确定的制度环境会显著抑制来华留学意愿，特别对招生具有重要影响的学历互认、招生人数、移民政策均反映在两国之间的政治关系中。如果两国之间的政治利益上出现冲突，例如边境冲突、人权问题等时，会严重影响服务贸易的发展。因此，双边外交关系定位的变化会直接影响对生源国来华留学服务贸易规模，来华留学教育服务贸易规模依赖于中国的全球伙伴关系网络的顶层设计和机制建构。由此提出以下假设。

假设1：双边政治关系定位的程度正向影响来华留学教育服务贸易规模。

二、双边高层访问

国家高层的双边互动，本身就反映了双边关系的短期变化。同时，高层访问有利于传递我国与生源国之间的政治偏好信号，增强生源国留学生的积极性和信心。政治学认为，公共利益是私人利益的集合，国家高层互访可以通过友好协商为教育国际化降低交易费用，促进来华留学规模增长，显著提高来华留学生数量。同时，双边领导人持续的交往实践中，可以增进双方在政治体制、经济实力、文化因素的认识与了解，有利于达到一种"同理"的程度，这种良好的交往合作经验，能够塑造亲和的氛围，促成双方文化的深入合作，形成双方共同接受的一些适当性规范，促进双方学历互认、留学条款等具体措施的达成与落地。双方高层会晤的过程，也是一个社会化过程，高层领导人的积极互动能够让中国的形象不断深入人心，促进当地更了解中国文化，释放友好信号，增加当地学生来华意愿。因此，本书提出以下假设。

假设2：双边高层互访有助于所在国来华留学教育服务贸易规模增加。

三、民间友好城市

友好城市是民间外交的重要形式，是双边政治关系中的非正式制度安排。费德曼（Friedman，1986）提出"世界城市假说"后，城市作为全球治理体系中经济单元的重要性迅速上升[①]。国际友好城市这一非国家行为体已经成为当今国际政治的重要角色[②]（赵汗青，2012），友好城市是国家外交在地方区域中的延伸，因此，通常被视为民间外交的官方关系。友好城市的建立代表两国的友好交往，是民间展开实质性交流与合作的途径。通过友好城市的建设，双方可以增强文化、意识形态的碰撞，更好促进双方关系和友好交往。随着中国积极参与全球治理，中国与海外地方政府的合作也越来越广泛。以友好城市为载体开展的针对青少年的文化融合活动，加深了两地对彼此城市文化了解，也促进了当地对中国文化的向往，开辟了新的留学市场。同时，友好城市也可以更好地对外宣传中国的文化与软实力。通过宣传我国经济社会发展的巨大成就，自然景观、风俗习惯等，可以对以旅游为目的的来华留学生形成拉力作用（Brodin，2010）[③]。

因此，本书提出以下假设。

假设3：友好城市的建设会正面促进来华留学生数量。

---

① Svensson E I, Eroukhmanoff F, Karlsson K, et al. A Role for Learning in Population Divergence of Mate Preferences [J]. Evolution, 2010, 64 (11): 3101 – 3113.

② 赵汗青. 北京城市外交发展研究 [D]. 北京: 外交学院硕士论文, 2012.

③ Vilcek J, Klion A, Henriksendestefano D, et al. Defective gamma – interferon production in peripheral blood leukocytes of patients with acute tuberculosis. [J]. Journal of Clinical Immunology, 1986, 6 (2): 146 – 151.

四、建交历史

中华人民共和国成立以来，我国与其他国家建交历史，对研究来华留学教育服务贸易规模具有重要意义。从中国外交政策历史进程来看，经过"和平外交政策"（1949～1972 年），"一条线，一大片"（1972～1979 年），以及 20 世纪 80 年代初至今①，我国与周边国家和世界各国外交关系取得了显著进展。因此，本书认为，如果双方建交历史越悠久，中国在当地的影响力将会越大，其经济、贸易各个领域的交流会更加充分，更有利于加强当地学生来华留学的意愿，从而增加留学教育服务贸易规模，我国与其他国家建交时间对于来华留学教育服务贸易规模的影响不可忽视。因此，本书提出以下假设。

假设 4：双方建交时间有助于来华留学教育服务贸易规模增长。

第三节　实证研究设计

一、样本

鉴于数据的可得性，最终选取了俄罗斯、韩国、日本、新加坡、德国、坦桑尼亚、法国、也门、尼泊尔、哥伦比亚、澳大利亚、缅甸、巴基斯坦、西班牙、菲律宾、马来西亚、泰国、意大利、印度、越南、加拿大、加纳、英国、尼日利亚、美国、几内亚、墨西哥、土耳其、刚果（金）、乌克兰、印度尼西亚、孟加拉国、吉尔吉斯斯坦、哈萨克斯坦、老挝和乌兹别克斯坦共 36 个来华留学生源国或地区作为研究样本，研究的时间段为 2003～2016 年。由于部分变量的数据存在缺失情况，最终得到 434 个样本观测值，为非平衡面板数据。

---

① 曹亮，袁德胜，徐小聪，等．建交时间与企业农产品出口二元边际：出口目的地视角 ［J］．宏观经济研究，2016（4）：106－114．

二、变量与数据

（一）来华留学生人数

本书以来华留学生人数（stu）作为被解释变量。各生源国来华留学生数据主要来源于《全国来华留学生简明统计》（2003～2016年）、教育部的《中国教育年鉴》（2003～2016年）、《出国留学生趋势报告》（2003～2016年）。对于个别生源国某些年份数据缺失的，通过我国教育部网站生源国教育部网站手动收集补充。

（二）双边政治关系定位

为考察双边外交关系定位（degree）对来华留学的影响，参照贺书锋和郭羽诞（2009）赋值方法，选取双边"战略合作伙伴""战略性合作伙伴关系""全面友好合作伙伴""全面合作伙伴""友好合作伙伴或睦邻互信合作伙伴关系""正常建交""未建交"进行赋值，作为衡量外交定位近疏程度的指标。其中，战略合作伙伴赋值5，战略性合作伙伴关系赋值4.5，全面友好合作伙伴赋值3.5，全面合作伙伴赋值3，友好合作伙伴或睦邻互信合作伙伴关系赋值2，正常建交国家赋值1，未建交国家赋值0。数据从外交部官方网站手工整理。

（三）建交历史

通过中国与生源国建立正式外交关系的持续时间来衡量建交历史（dtime），根据样本年限与双方建交年份的差值进行计算，数据来自外交部官方网站并手工整理。

（四）双边高层互访

在双边外交活动中，国家主席或者国务院总理参加的出访或者来访（visit），才能真正意义上代表国家和政府。参照尼奇和苏黎世（Nitsch and Zurich，2008）、许陈生和郭烨（2016）的做法，根据我国国家主席和国务院总理与生源国领导人之间的出访、来访或者在第三国进行会晤事件来衡量双边高层互访变量，通过加总得到特定年份内两国政治领导人的互访次数。具体数据来自外交部官方网站。

（五）友好城市

以双边地方省、州建立的友好城市（fcity）的数量表示中国与生源国建立友好城市的状态，并作为民间外交的替代衡量。具体数据来源于中国国际友好城市联合会的"友城统计"。

（六）控制变量

参考现有文献的常用做法，引入生源国的人均国内生产总值（GDP）以控制当地经济发展水平和收入水平对来华留学的影响，数据来自世界银行 WDI 数据库。引入两国首都地理距离（DIS）以控制两国距离对来华留学的影响，数据来自 CEPII 数据库。引入生源国人口总数以控制生源国人口规模（POP）对来华留学的影响，数据来自世界银行 WDI 数据库。鉴于文化在出国留学中具有重要影响，为此本书引入文化距离（CD）以控制文化差异对来华留学的影响，其原始数据来自 Hofstede 个人官网。Hofestede 编制的民族文化共有 6 个维度，其中，权力距离、集体/个人主义、男性/女性主义和不确定性规避这 4 个文化维度最为人们所使用，数据也最全。因此，具体参考科古特和辛格（Kogut and Singh，1988）的方法进行计算生源国与中国的文化距离，即：

$$CD_i = \sum_{k=1}^{4} \left[(I_{ki} - I_{kc})^2 / V_k \right] / 4$$

其中，I_{ki} 表示第 i 个样本国在第 k 个文化维度的数值；I_{kc} 表示中国（大陆）在第 k 个文化维度的数值；V_k 表示所有样本国第 k 个文化维度数值的方差。

相关变量的基本描述性统计如表 2－1 所示。

表 2-1 描述性统计

符号	变量	样本数	平均值	标准差	最小值	最大值
lnstu	来华留学生人数自然对数	434	8.0361	1.1917	4.8828	11.1096
degree	双边外交程度赋值	434	2.4572	1.7182	1	5
dtime	建交时间	434	38.4722	14.2193	11	65
visit	双边高层互访	396	1.6944	1.8428	0	11
fcity	友好城市	432	45.5278	66.0965	1	262
lndist	地理距离自然对数	434	8.5594	0.6613	6.8624	9.6116
culture	文化距离	312	2.4054	1.1057	0.3721	3.8454
lngdp	人均 GDP 自然对数	422	8.3003	1.7678	5.1353	11.1221
lnpop	人口数自然对数	432	8.3903	1.2154	5.5090	11.7716

基本模型

为考察双边外交对来华留学的影响，本书设定以下方程为基本实证模型：

$$\text{lnstu}_{it} = a + \beta_1 \deg ree_{it} + \theta_{it} + \varepsilon_{it} \qquad (2-1)$$

$$\text{lnstu}_{it} = a + \beta_2 \text{Dtime}_{it} + \theta_{it} + \varepsilon_{it} \qquad (2-2)$$

$$\text{lnstu}_{it} = a + \beta_3 \text{Visit}_{it} + \theta_{it} + \varepsilon_{it} \qquad (2-3)$$

$$\text{lnstu}_{it} = a + \beta_4 \text{Fcity}_{it} + \theta_{it} + \varepsilon_{it} \qquad (2-4)$$

其中，ln 表示取对数；i 表示国家；t 表示年份；stu 表示来华留学生人数；degree 表示两国双边外交关系定位；dtime 表示两国建交时间；visit 表示总体双边高层互访行为；fcity 为友好城市数量。θ_{it} 表示其他影响来华留学生人数的控制变量向量，包括地理距离（DIS）、文化距离变量（CD）、生源国国内人均生产总值（GDP）、生源国人口总数（POP）等。ε_i 表示与个体和时间无关的随机误差项。

三、延伸模型

不同群体之间的文化差异越大，很可能导致群体之间因为隔阂、偏见、缺乏信任，阻碍了群体之间的经济交流（Spolaore and Waczing，2009）。林航、谢志忠、郑瑞云，2016）及许多文献发现，文化距离对来华留学存在明显的阻碍作用。那么，双边外交作为主动性政治交流，是否有助于缓解文化差异带给来华留学的消极作用，就成为一个值得探讨的问题。为此，本书通过构建双边外交变量与文化距离的交互乘项并引入实证模型，以考察双边外交关系对文化距离的调节作用。具体模型如下：

$$\text{lnstu}_{it} = \alpha + \beta_1 \text{degree}_{it} + \beta_5 \text{degree}_{it} \times \text{culture}_{it} + \theta_{it} + \varepsilon_{it} \quad (2-5)$$

$$\text{lnstu}_{it} = \alpha + \beta_2 \text{Dtime}_{it} + \beta_6 \text{Dtime}_{it} \times \text{culture}_{it} + \theta_{it} + \varepsilon_{it} \quad (2-6)$$

$$\text{lnstu}_{it} = \alpha + \beta_3 \text{Visit}_{it} + \beta_7 \text{Visit}_{it} \times \text{culture}_{it} + \theta_{it} + \varepsilon_{it} \quad (2-7)$$

$$\text{lnstu}_{it} = \alpha + \beta_4 \text{Fcity}_{it} + \beta_8 \text{Fcity}_{it} \times \text{culture}_{it} + \theta_{it} + \varepsilon_{it} \quad (2-8)$$

第四节　实证结果

一、基本计量模型的估计结果

四个基本模型的估计结果如表 2 - 2 所示。从表中可见，地理距离（DIS）在四个方程中的回归系数均显著为负，说明地理距离与来华留学规模负相关，与中国地理距离越远的国家，来华留学的可能性越低。文化距离（CD）的回归系数在四个方程中也显著为负，说明文化距离确实对来华留学存在明显的阻碍作用。人均 GDP 的回归系数显著正相关，说明经济发展水平越高的国家人们来华留学的可能性也越大。人口数量（POP）的回归系数显著为正，说明人口规模越大的国家，来华留学的人数也越大。以上控制变量的回归结果和现有文献的发现基本是一致的。

双边外交是本书的核心解释变量，根据表 2 - 2 的结果可以发现，双边关系定位（degree）在方程（2 - 1）的回归系数显著为正，说明双边外交关系定位级别越高、双边关系越紧密，越能吸引海外学生来华留学。建交历史（dtime）在方程（2 - 2）的回归系数符号为正，且满足 1% 的显著性水平检验，表明建交历史越悠久，越能吸引对方来华留学。在方程（2 - 3），双边高层互访（visit）的回归系数显著为正，表明双边高层互访越频繁，将明显促进生源国来华留学。在方程（2 - 4），友好城市（fcity）的回归系数为正，且满足 1% 的显著性，说明建立友好城市这种民间交往，确实起到吸引来华留学的积极作用。综合以上发现，本书的实证结果表明，无论是长期还是短期，或者官方还是民间的双边外交关系，总体上都对来华留学有显著的促进作用，证实了前面的理论预期。

表 2 - 2 基础模型估计结果

符号	方程（2-1）	方程（2-2）	方程（2-3）	方程（2-4）
常数项	14. 3126 (36. 5175) ***	12. 2360 (18. 0850) ***	11. 6417 (57. 5789) ***	12. 2758 (70. 6119) ***
lndist	− 1. 2618 (− 40. 4487) ***	− 1. 3345 (− 16. 7534) ***	− 1. 2079 (− 27. 2897) ***	− 1. 0886 (− 27. 2029) ***
culture	− 0. 1013 (− 3. 2779) ***	− 0. 0588 (− 2. 9947) ***	− 0. 0270 (− 1. 7804) *	− 0. 1063 (− 8. 7107) ***
lngdp	0. 2619 (19. 0923) ***	0. 4995 (18. 0451) ***	0. 3610 (18. 8891) ***	0. 2416 (8. 6137) ***
lnpop	0. 2628 (7. 5648) ***	0. 0681 (1. 7841) *	0. 4149 (16. 8104) ***	0. 3523 (24. 3462) ***
degree	0. 1415 (9. 8107) ***			
dtime		0. 0540 (12. 9172) ***		
visit			0. 0677 (1. 9931) **	
fcity				0. 0044 (7. 2382) ***
F 检验值	999. 3591 ***	303. 4077 ***	94. 8185 ***	341. 8075 ***
Adjusted R^2	0. 9470	0. 8442	0. 6270	0. 8593

注：括号内为相应 t 统计量；*** 、** 、* 分别表示在1% 、5% 、10% 的水平上显著。

二、政治外交与文化距离的交互作用

本书基本模型的结果显示，与现有文献的发现一致，文化距离对来华留学存在显著的阻碍作用。那么，政治外交是否有助于减弱文化距离的负面影响呢？为探究这一问题，本书将 4 个双边外交关系变量与文化距离进行交互，引入回归模型，结果如表 2 - 3 所示。从表中可见，双边外交定位与文化距离的交互项在方程（2-5）的回归系数显著为正，表明双边关系定位显著调节了文化距离对来华留学的影响，双边关系定位的级别越高，越能缓解文化距离的阻碍作用。在方程（2-6）中，建交历史与文化距离的交互项回归系数显著为正，说明随着双方建交时间的增加，双边外交程度的加深，生源国的人们更加了解中国，为我国吸引来华留学生提供了更多的机会，增加了外国学生来华留学的愿望，对文化距离的负面影响起到有效调节作用。在方程（2-7）中，双边高层互访与文化距离的交互项回归系数符号为正，满足5%的显著性检验，说明国家领导人之间的双边互访，能够增强两国之间的沟通和政治互信，既可以提供让对方了解中国的机会，也可以有助于树立中国良好的形象，降低文化距离的消极影响，从而吸引更多来华留学生。在方程（2-8）中，友好城市与文化距离的交互项回归系数显著为正，说明友好城市的设立这种民间外交途径确实有助于消除文化距离的消极影响。综合以上结果，可以发现，具有主动性特征的双边外交关系和活动，确实能有效调节文化距离对来华留学的阻碍作用。这一研究结果对于如何更好吸引来华留学的实践，无疑具有重要的启示。正如本书的研究发现，文化距离对来华留学具有明显的阻碍作用，而理论上文化距离是十分难以改变的，通过主动的双边外交活动，则能在相当程度上克服文化距离带来的障碍。

表2-3   交互作用模型估计结果

符号	方程（2-5）	方程（2-6）	方程（2-7）	方程（2-8）
常数项	14.3235 (38.0023)***	9.7085 (19.7128)***	11.9479 (41.5277)***	13.2220 (53.2553)***
lndist	-1.3335 (-42.2349)***	-0.8362 (-21.1401)***	-1.2329 (-33.4703)***	-1.2154 (-34.2290)***
culture	-0.1574 (-4.5223)***	-0.9509 (-14.7917)***	-0.0676 (-2.1441)**	-0.1174 (-7.4512)***
lngdp	0.2854 (20.4743)***	0.3819 (27.2449)***	0.3606 (18.8392)***	0.2485 (12.6600)***
lnpop	0.3414 (8.8268)***	0.3441 (9.8402)***	0.4151 (18.2783)***	0.3701 (41.3238)***
degree × culture	0.0397 (5.9243)***			

续表

符号	方程（2-5）	方程（2-6）	方程（2-7）	方程（2-8）
dtime × culture		0.0163 (15.0160)***		
visit × culture			0.0268 (2.2605)**	
fcity × culture				0.0014 (8.1890)***
F 检验值	1094.592***	649.3985***	96.3036***	247.7942***
Adjusted R²	0.9514	0.9207	0.6307	0.8155

注：括号内为相应 t 统计量；***、**、*分别表示在1%、5%、10%的水平上显著。

第五节 结论与政策建议

一、主要结论

基于来华留学的跨国数据，本书考察了双边外交对来华留学的影响，研究发现，无论是官方的双边关系定位、双边高层互访、建交历史，还是民间建立友好城市，双边外交都有助于促进来华留学发展。换言之，政治外交程度越高、建交时间越长、双边高层会晤越频繁，友好城市的建设数量越多，来华留学规模就越大。进一步，本书考察了双边外交对文化距离阻碍来华留学的调节作用，研究发现，主动性的双边外交确实能有效克服文化距离对来华留学的阻碍作用，起到明显的积极调节作用，发挥了政治服务于经济与社会的功能。

二、政策建议

本章的研究结果具有重要的政策性启示，具体而言有以下四个方面。

第一，在做好双边外交基础上，充分利用外交手段，推进中国参与全球教育服务贸易治理，推动提高来华留学教育服务贸易的规模和水平。利用双边外交和多边外交等平台，积极主动地对外进行有效外交宣传，把教育服务贸易成果作为对外宣传推广的重要内容，强化我国在国际教育服务贸易治理中的负责任形象。在提升国家经济综合实力的基础上，加强高等教育服务贸易领域的交流、交往，更好地发挥我国高等教育在世界范围内的话语权与影响力，以更加积极的姿态参与国际教育服务贸易的合作与交流。此外，积极参与国际教育服务贸易规则的制定，充分发挥联合国教科文组织作为教育合作重要的平台作用，建立高层定期磋商机制，巩固提升教育服务贸易国际合作水平，找准有利时机提出自己的新主张、新倡议和新方案。

第二，借助政府层面的双边外交渠道，力争教育服务贸易领域带动其他经贸领域合作。做到并驾齐驱，成为"车之两轮、鸟之两翼"。力争发挥留学服务贸易"软力量"四两拨千斤的作用，利用学校交往、师生人员往来、招收留学生等多元机会，提升我国高等教育的影响力和辐射力。只有我国不断发展高质量的外交关系，塑造战略互信的伙伴关系网络，才能更好地满足多方面的需求。特别是在"一带一路"倡议的背景下，我国应该把教育服务贸易作为"一带一路"的重要领域和重点议题之一，积极倡议"一带一路"沿线各国共同参与构建教育服务贸易共同体，开展多层次、多样化的教育服务贸易互联互通、人才培养培训、科研平台和项目合作、丝路合作机制建设等各方面的合作，对接沿线各国的教育服务贸易需求，借鉴教育服务贸易经验，打通我国与"一带一路"沿线国家之间的学历互认、学分互换，促进多种形式的师生互换和交流互派，建立更加密切的教育服务贸易的合作交流机制。加强与沿线国家和发展中国家的教育服务贸易实质合作，推动形成重点分明、各具特色、重点突出、合作共赢的教育服务贸易对外开放局面。

第三，积极鼓励和大力支持发展民间外交，使民间外交成为推动教育服务贸易合作的"立交桥"。发挥民间外交的"润滑剂"作用，统筹推进中外人文交流，拓展国际教育服务贸易合作交流的渠道。充分发挥教育界、科教界、文化界人士和团体的交流合作，发挥文化艺术交流在对外的积极宣传作用。建立广泛的民间外交关系，积聚社会各方面力量，善于利用友好城市平台，提升讲好中国故事、展示中国发展成果、传播中国理念，增强我国留学教育服务贸易的影响力与吸引力。

第四，扩大来华留学服务贸易规模不仅是深化中外人文交流、提升国家软实力的重要载体，也是为国家重大战略提供国际人才支撑以及减少服务贸易逆差的重要途径。尤其是在"一带一路"背景下，作为贸易大国，扩大来华留学教育服务贸易的规模，既是共建"一带一路"的重要组成部分，为沿线各国民心相通架设桥梁，又为减少我国教育服务贸易逆差、促进经济发展提供了重要途径，当然也为服务共建"一带一路"培养大批专业人才，为沿线各国实现政策沟通、设施联通、贸易畅通、资金融通提供人才支撑与经济发展提供新动力。

第三章

双边教育协定对来华留学服务贸易的影响

第一节　双边教育协定概况

在经济全球化大背景下，留学生出国接受教育的现象越发普遍，对各类知识技能培训的国际需求也越来越强烈，国际教育服务市场进一步拓展，教学质量保障体系也在发展中逐步完善。随着跨境教育的兴起，越来越多国家意识到世界贸易组织（WTO）规则下教育服务贸易条款的引导作用，并在条款的原则约束下开展教育培训活动。但教育服务贸易条款作为多边条约，只是一项基础性的协议，并没有对具体领域的细化规定。因而各国纷纷通过签订协定的方式，约定市场开放范围和主体权利义务，中国也积极地参与双边教育协定的签署，促进国际教育交流合作。

双边教育协定是两国间签订的用于规范跨境教育活动的条约，按照合作程度从低到高可以分为教育交流协议、合作谅解备忘录、教育合作协定、学历学位互认协议。教育交流协议是涉及学术交流相关事项等的协定，例如设立教育中心、学术机构间建立联系、达成科研信息共享等。合作谅解备忘录是针对教育服务中较细微事项签订的非正式文件，它为签署正式合作协议提前作部署，但有效性和针对性较低。这两种形式的双边教育协定除保密、终止、争议解决条款等之外，其余条款对缔约双方都不具备强制的法律约束力。教育合作协定是两国间进行教育交流的指导性文件，它对教育服务贸易中单个乃至多个细化领域进行明确规定，包括互派学生教师和访问学者、校际合作以及各种形式的非官方交流。在教育合作协定下，缔约双方都有义务保证协定中的各项原则得以实施，因而具备较强的约束力。在四类双边教育协定中，学历学位互认协议的有效性和针对性最高，获得相互承认学历、文凭和学位的持有者在另一方享有在当地获得同等学力的同等待遇，能够从事职业活动或继续进修学习。目前中国已与 188 个国家和地区建立了教育交流合作关系，与 54 个国家签署相互承认高等教育学历学位互认协议，其中 24 个为"一带一路"沿线国家。

第二节 双边教育协定对来华留学 教育影响机制与研究假设

双边教育协定对国际教育活动参与主体的行为具有指导作用，也为国际教育活动的开展提供法制保障。从双边教育协定影响来华留学的影响机制来看，主要有以下三个路径（见图 3 – 1）。

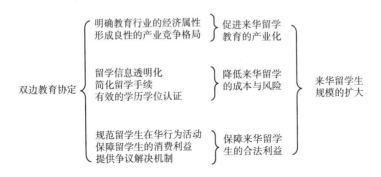

图 3 – 1 影响机制分析

一、影响机制

（一）促进来华留学教育的产业化

在 21 世纪之前，教育在中国一直被界定为公共服务事业，公立学校属于非营利性事业单位，高等院校甚至被赋予行政级别和地位。中国加入世界贸易组织后，根据服务贸易条款逐步地承认教育的产业属性并开放部分教育服务，但并未将来华留学教育当成重点产业来运作（李航敏，2018）。我国积极借鉴先驱国家经验，通过制定法律法规、改善国内贸易环境促进来华留学事业的发展，相继颁布了《国家中长期教育改革和发展规划纲要（2010 - 2020 年)》《留学中国计划》等指导性文件。在此基础上，我国也积极与其他国家签订双边教育协定，细化落实对来华留学事业的系统规划和战略部署。

双边教育协定将来华留学的事项细化，形成具体规定写为条约，从而达到保护双方权利、保障履行义务的功能。协定内容一般涉及教学培训资格标准、教学质量评估与管理政策、建立执行和协调机构、经费规定等，其中，对经费的规定体现了留学教育的商品属性。双边教育协定对来华留学费用的承担进行了明确的界定，这使来华留学教育不再单单服务于外交目的，而是作为一种服务型商品进入国际留学教育市场，并在市场的运行规则下参与竞争。根据历年教育部的统计，自费生一直是来华留学的主流，直到 2015 年，中国政府奖学金资助的来华留学生比例才首次超过 10%。这说明，我国的来华留学教育具备产业属性，高校吸收留学生一部分原因是吸引海外优秀生源、提高文化影响力；另一部分也主要是利益驱动，通过教育出口实现创汇创收。综上来看，双边教育协定能够通过界定教育产业的经济属性，突破原有的对教育行业公共属性的认识，这有助于良性竞争的留学产业格局的形成。双边教育协定的签订既能引导规范我国教育服务的出口，又能填补我国现有教育法律的空缺，因而可以促进来华留学活动的有序开展。

（二）降低来华留学的成本和风险

理性选择制度主义认为制度能够规范行为者的行为，并通过行为者的理性选择促进制度的修正完善。制度的实施为国际间战略互动提供了重要的限制环境，能够增强承诺的可信性。中国与其他国家签订的双边教育协定作为一种制度安排，通过完善教育交流条款、规范参与主体的行为降低来华留学的成本，降低留学生就业的风险预期，并在合作过程中通过协商等方式不断补充修正条款，强化制度的正向信号机制。

双边教育协定条款涉及教育服务范围及质量、留学生行为规范、相关部门职责等事项，是规范与制约行为者行为的制度体系，能够降低来华留学的各项成本。留学生在留学之前会花费大量时间精力收集目的国的院校情况、奖励金政策、学位认定等信息，而协定条款的完善能为来华留学生提供便利，降低信息收集成本。随着协定的签订，目的国将会在签证入关、工作许可、换汇等方面为来华留学人员提供便利，简化跨境审查手续，降低入关成本，从而鼓励来华留学。双边教育协定还能够减少来华留学生归国就业时面临的不确定性风险。国家间签订的教育协定是从法律层面做出的承认留学活动合法有效的承诺，学历学位互认协议更是对境外学历的最高认可。条款实施过程中如果遇到问题，缔约双方也可通过协商方式对其进行修改和补充，促使制度更加完善。因此，双边教育协定的签订能为留学生归国就业时提供有效文凭认证，消除高等人才流动壁垒，提高留学生的就业竞争力。这向生源国学生释放了积极的来华留学"信号"，传递了保护来华留学权益的可置信承诺，减少可能由于不健全的制度形成的"坏声誉"，从而扩大来华留学生的规模。

（三）保障来华留学生的合法利益

在留学服务贸易中，来华留学生可能存在"外来者劣势"引发较高的缔约成本，影响来华留学的决策，特别是我国现有的教育服务法规并不全面，缺乏高阶位立法保障。留学生来华后会产生一系列跨境行为，更需要在制度层面上给出界定和引导，从而降低信息不确定性和争端裁决时的随意性。双边教育协定是对本国教育服务贸易法律的补充，在一定程度上弥补了我国在留学教育方面的制度缺失，它能强化制度保护，保障来华留学生的权益。协议的签订体现了对东道国提供的教育服务质量的界定和监督，从而对留学服务提供方产生法律上的约束力，避免东道国市场的机会主义行为。

双边教育协定还能提供稳定的海外制度环境，保证教育活动参与主体的人身安全和经济利益。从突发情况的处理机制来看，协议的签订能减少留学生因教育输出国的政治风险和局势动荡而引起的利益损失，以及当利益受损时根据法律条文得到及时有效的救助、补偿及赔付等。因此，双边教育协定能释放出积极的市场信号，增强来华留学生跨境求学的信心，促使其选择更长期更稳定的学习方式，优化学历层次结构，促进来华留学教育的开展。

二、研究假设

双边教育协定的签订能促使我国教育行业走向国际化，形成良性竞争的产业格局。对留学生而言，双边教育协定的签订彰显了双方国家对学历学位的共同认可，降低了其就业时面临的不确定性风险。基于以上的分析，本书做出以下初步假设。

假设1：双边教育协定的签订会促进来华留学生规模的扩大。

来华留学生中既包含接受短期汉语培训和职业教育的非学历生，也包括攻读学历学位的长期学历生。学历生在华时间较非学历生长，付出的留学成本也更多，因而学历生更加关注目的国的政治安全和政策安排，以保障留学活动的顺利进行。因此，本书做出以下假设。

假设2：双边教育协定对来华学历生的正向影响大于对非学历生的正向影响。

目前，"一带一路"沿线国家已经成为来华留学规模扩张的主要发力点，占比已达52%。中国与"一带一路"沿线国家在以往的经贸联系中已形成友好合作关系，双边教育协定的签订能进一步促进沿线国家来华留学人数的增长。因此，本书做出以下假设。

假设3：相较于非"一带一路"沿线国家，双边教育协定对"一带一路"沿线国家来华留学生的影响较大。

对于不同发展程度的国家，双边教育协定的作用媒介也不尽相同。发展中国家选择来华留学主要是受到经济因素和教育质量的影响（魏浩，2018）。发达国家学生出国留学更为看重目的国教育体制的完善程度，而双边教育协定的签订能在一定程度上弥补目的国相关留学教育法规的缺失，起到制度保障作用。因此，本书做出以下假设。

假设4：双边教育协定对发达国家来华留学生的影响程度大于对发展中国家来华留学生的影响程度。

双边教育协定作为一种正式的制度安排，已经成为双边国家文化外交的新舞台和实现形式。但从现实情况可以看出，双边国家的外交关系会影响两国间的文化交流，另外，两国间友好外交关系的建立也能为留学生提供制度外的隐性保护。因此，本书做出以下假设。

假设5：双边外交关系友好会强化双边教育协定对来华留学生规模的正向影响。

第三节　实证研究设计

由于数据的可得性，本书选取104个已与中国签订双边教育协定的国家作为研究样本，基本涵盖所有来华留学生源国。研究时间段为2003～2018年，由于部分变量的数据缺失，最终得到1450条观测值。

（一）被解释变量

被解释变量是来华留学生规模，用来华留学生的总人数（lnstu）来衡量。按来华留学生的学历层次区分，可以分为来华学历生（lndegree）和非学历生（lnnondegree）。数据整理自中国教育部颁布的2003～2018年度《来华留学生简明统计》，皆取对数处理。

（二）解释变量

1. 本书的主要解释变量是双边教育协定（treaty）。参照唐静（2021）等对双边教育协定合作深度的分类赋值方法，将教育交流协议赋值1；合作谅解备忘录赋值2；教育合作协定赋值3；学历学位互认协议的有效性和针对性最高，因而赋值4。笔者追踪2003～2018年中国与生源国每年新签订的教育条约，对赋值进行即时更新。数据整理自中国教育部和外交部官网。

2. 双边外交关系（relationship）。本书参照贺书锋（2009）和潘镇（2015）的赋值方法，根据官方公布的中国与生源国外交关系定位将未建交国家赋值0；正常建交国家1；友好合作伙伴或睦邻互信合作伙伴关系赋值2；全面合作伙伴赋值3；全面友好合作伙伴赋值3.5；战略性合作伙伴关系赋值4.5；战略合作伙伴赋值5。当年官方公布的外交关系定位变化，赋值随之改变。数据来自外交部官方网站并手工整理得到。

（三）控制变量

1. 生源国人均GDP（lngdpper）。李冬梅和李盾（2018）研究表明，生源国的人均 GDP 水平是影响留学行为的推力因素，因而将其纳入来华留学生规模的影响因素，并取对数处理。数据来源于 2003～2018 年《来华留学生简明统计》。

2. 中国对生源国的直接投资（lnfdi）。中国对生源国的直接投资额反映了中国与生源国已有的经贸联系，表现了两国在经济上的合作意愿和强度（姚海棠、姚想想，2013）。由于国家的对外交流活动具有一定的路径依赖效应，已建立合作关系的国家更易跨领域达成进一步合作（杨宏恩，2018）。因此，将中国对生源国直接投资存量的自然对数纳入分析框架，数据来源于 2003～2018 年《中国对外直接投资统计公报》。

3. 地理距离（lndis）。虽然现代科技的发展极大便利了各国之间的经济文化交流，但地理距离仍是留学生选择留学目的国的考虑因素之一，地理距离过远会增加留学生的经济成本（陈飞宇，2018）。数据取自 CEPII 数据库。

4. 生源国人口数（lnpop）。李冬梅和张巧玲（2018）发现，生源国的人口的增长会加剧就业压力，促使学生出国求学以获得更好的就业机会，从而促进来华留学生规模的扩大。数据取自世界银行数据库，并取对数。

5. 友好城市数量（fcity）。友好城市指一国的城市与另一国相对应的城市签订的在政治经济、科教文卫等各个领域的正式交流合作协定，能依托文化输出来促进本国优势产业的发展（刘铁娃，2017）。数据来源于各个省份及城市人民政府办公室发布的友好城市一览表和中国国际友好城市联合会官网。

6. 中国政府奖学金支持力度（scholarship）。本书参照魏浩（2018）的做法，将生源国受奖学金资助的留学生人数占当年中国政府奖学金资助的留学生总数的比例作为衡量中国政府对该生源国的奖学金支持力度。数据来源于 2003～2018 年《来华留学生简明统计》。

变量定义及数据来源如表 3 - 1 所示。

表 3 -1　　　　　　　　　　变量定义及数据来源

变量		变量定义	数据来源
被解释变量	lnstu	来华留学生规模	各年度《来华留学生简明统计》
解释变量	treaty	双边教育协定	中华人民共和国教育部和外交部官网
	relationship	双边外交关系	中华人民共和国外交部网站
	treaty × relationship	双边教育协定与双边外交关系的交互项	中华人民共和国教育部和外交部官网、中华人民共和国外交部网站

续表

变量	变量定义	数据来源
lngdpper	生源国人均 GDP	各年度《来华留学生简明统计》
lnfdi	中国对生源国投资存量	各年度《中国对外直接投资统计公报》
lndis	地理距离	CEPII 数据库
lnpop	生源国人口数	世界银行数据库
fcity	友好城市数量	各个省份及城市人民政府办公室发布的友好城市一览表和中国国际友好城市联合会官网
scholarship	中国对生源国的奖学金支持力度	各年度《来华留学生简明统计》

（控制变量）

（四）模型设定

根据大量相关文献，从经贸联系、地理距离、社会因素以及奖学金支持力度等维度选取变量，构建计量模型如下，式（3-1）探究双边教育协定对来华留学生规模的影响；式（3-2）和式（3-3）区分来华留学生的学历层次，分别考察双边教育协定对来华学历生和非学历生的影响；参照温忠麟（2005）对调节效应的分析方法，式（3-4）引入双边外交关系交叉项，考察在不同双边外交关系下，双边教育协定对来华留学生规模的影响：

$$\ln stu_{i,t} = \alpha + \beta_1 treaty_{i,t} + \beta_2 \ln gdpper_{i,t} + \beta_3 \ln fd_{i,t} + \beta_4 \ln dis_{i,t}$$
$$+ \beta_5 \ln pop_{i,t} + \beta_6 fcity_{i,t} + \beta_7 scholarship_{i,t} + \varepsilon_{i,t} \quad (3-1)$$

$$\ln degree_{i,t} = \alpha + \beta_1 treaty_{i,t} + \beta_2 \ln gdpper_{i,t} + \beta_3 \ln fd_{i,t} + \beta_4 \ln dis_{i,t}$$
$$+ \beta_5 \ln pop_{i,t} + \beta_6 fcity_{i,t} + \beta_7 scholarship_{i,t} + \varepsilon_{i,t} \quad (3-2)$$

$$\ln nondegree_{i,t} = \alpha + \beta_1 treaty_{i,t} + \beta_2 \ln gdpper_{i,t} + \beta_3 \ln fd_{i,t} + \beta_4 \ln dis_{i,t}$$
$$+ \beta_5 \ln pop_{i,t} + \beta_6 fcity_{i,t} + \beta_7 scholarship_{i,t} + \varepsilon_{i,t} \quad (3-3)$$

$$\ln stu_{i,t} = \alpha + \beta_1 treaty_{i,t} + \beta_2 relationship_{i,t} + \beta_3 treaty_{i,t} \times relationship_{i,t}$$
$$+ \beta_4 \ln gdpper_{i,t} + \beta_5 \ln fd_{i,t} + \beta_6 \ln dis_{i,t} + \beta_5 7 npop_{i,t}$$
$$+ \beta_8 fcity_{i,t} + \beta_9 scholarship_{i,t} + \varepsilon_{i,t} \quad (3-4)$$

其中，$\ln stu_{i,t}$、$\ln degree_{i,t}$、$\ln nondegree_{i,t}$分别表示 i 国在时间 t 的来华留学生

总人数、学历生人数及非学历生人数；$treaty_{i,t}$、$relationship_{i,t}$是核心解释变量，表示 i 国在时间 t 已与中国签订的教育协定性质和两国间双边外交关系；$lngdpper_{i,t}$、$lnfdi_{i,t}$、$lndis_{i,t}$、$lnpop_{i,t}$、$fcity_{i,t}$为控制变量；α 和 $\varepsilon_{i,t}$分别表示常数项和随机扰动项。

第四节　实证结果分析

一、描述性统计

本书选取的样本为非平衡面板数据，经过豪斯曼检验发现应使用固定效应模型。考虑到数据中含有不随时间变化的地理距离变量，因而借鉴綦建红（2012）的做法选用最小二乘虚拟变量模型（LSDV）估计，并控制时间效应，即进行双向固定效应回归。运用 Stata12 软件，先对变量进行统计分析。从表 3 - 2 可以看到，不同国家的来华留学生规模差异较大，最小值为 0.69，最大值为 11.16。从解释变量来看，双边教育协定赋值的平均值为 2.78，标准差为 1.25，说明中国与各生源国签订的双边教育协定的合作程度不一。中国与生源国的外交关系定位差异也较大，标准差为 1.4。

表 3 - 2　　　　　　　　　　变量的描述性统计

变量	观测值	均值	标准差	最小值	最大值
lnstu	1450	6.13	1.87	0.69	11.16
treaty	1450	2.78	1.25	1	4
relationship	1450	2.85	1.40	0	5
lngdpper	1450	8.76	1.47	5.38	11.54
lnfdi	1450	9.26	2.60	0.69	15.72
lndis	1450	8.92	0.57	6.86	9.87
lnpopulation	1450	16.40	1.58	11.56	21.01
fcity	1450	16.32	35.55	0	248
scholarship	1450	0.01	0.01	0	0.12

二、相关性检验

为避免共线性问题，对数据进行相关性检验。从表 3-3 可以看出，所有变量之间的相关系数绝对值在 0.6 以下，此外，本书还采用了 VIF 检验，结果显示，所有变量的方差膨胀因子均小于 10，因而不存在多重共线性问题。相关性给出了变量间相互关系的初始表现，由相关关系系数 0.39 可以看出，来华留学生规模（lnstu）与双边教育协定（treaty）之间存在正相关关系。

表 3-3   变量间相关性检验

变量	lnstu	treaty	relationship	lngdpper	lnfdi	lndis	lnpop	fcity	scholarship
lnstu	1								
treaty	0.39	1							
relationship	0.46	0.41	1						
lngdpper	-0.19	0.07	0.23	1					
lnfdi	0.71	0.19	0.47	0.00	1				
lndis	-0.48	-0.32	-0.22	0.21	-0.16	1			
lnpop	0.57	0.29	0.45	-0.29	0.39	-0.15	1		
fcity	0.40	0.27	0.46	0.25	0.37	-0.11	0.44	1	
scholarship	0.55	0.24	0.24	-0.27	0.34	-0.56	0.24	0.19	1

三、基准检验

（一）整体样本检验

本书先对整体样本进行双向固定效应回归，并使用聚类稳健标准误。针对整体样本不考虑生源国异质性的情况，探究双边教育协定对来华留学生规模的影响，并对来华留学生群体进行区分，分为学历生和非学历生，讨论双边教育协定的签订对不同学历层次的来华留学生所产生的影响是否有所区别。

从表 3-4 列（1）的回归结果来看，双边教育协定与来华留学生规模的回归系数为 0.11 并在 1% 的置信水平上显著，可以得到双边教育协定对来华留学生规模的影响是正向的，验证了前面的假设 1。生源国的人均 GDP 水平、中国对生源国的对外直接投资存量、生源国人口数以及中国政府奖学金支持力度等控制变量对来华留学生规模具有促进作用，而地理距离变量呈现负向影响，这都与已有文献的研究结果基本一致。友好城市这个变量产生的影响为零，说明友城关系对外国学生的来华留学选择作用并不强。从列（2）和列（3）区分来华留学生层次的视角来看，双边教育协定的签订对于学历生的影响（0.14）大于对非学历生的影响（0.12），验证了前面的假设 2。基于协定的异质性，双边教育协定在不同程度上涉及来华留学生学习和生活上的各项权益，协定的内容包括对学生海外学习行为的具体规范和学习经历的法律认可程序，能够切实地维护留学生的权益。相较于非学历生，学历生的海外学习时间会更长，更需要深入了解东道国提供的教育服务。因此，双边教育协定的签订对学历生而言作用更大，从而吸引更多学历生来华留学，提升来华留学学历层次，促进我国留学事业的高水平开展。

表 3 - 4　　　　　　　　　　　整体样本的回归结果

变量	（1）来华留学生	（2）来华学历生	（3）来华非学历生
	lnstu	lndegree	lnnondegree
treaty	0.11 *** (4.93)	0.14 *** (5.14)	0.12 *** (5.07)
lngdpper	0.13 *** (5.90)	- 0.31 *** (- 13.83)	0.38 *** (14.41)
lnfdi	0.20 *** (16.5)	0.28 *** (18.34)	0.16 *** (12.01)
lndis	- 0.85 *** (- 14.51)	- 0.69 *** (- 10.31)	- 1 *** (- 14.70)
lnpop	0.42 *** (23.7)	0.25 *** (10.8)	0.52 *** (21.88)
fcity	0.004 *** (4.01)	0.005 *** (5.04)	0.005 *** (4.18)

续表

变量	（1）来华留学生	（2）来华学历生	（3）来华非学历生
	lnstu	lndegree	lnnondegree
scholarship	0.3 *** (7.65)	0.37 *** (8.10)	0.16 *** (4.01)
常数项	2.22 *** (3.66)	5.42 *** (7.51)	− 0.56 （− 0.79）
个体固定效应	是	是	是
时间固定效应	是	是	是
N	1450	1450	1450
R^2	0.81	0.79	0.78

注：*** 、** 、* 分别表示在 1%、5%、10% 的置信水平上显著。

（二）区分是否"一带一路"沿线国家的分组检验

来华留学生规模也受到国家政策引导作用，因而需要区分不同国家样本组进行讨论。"一带一路"沿线国家由于存在奖学金政策倾斜，沿线国家的留学生可能更愿意来华留学。所以后面区分"一带一路"沿线国家和非"一带一路"沿线国家，进行异质性检验。从表 3 - 5 列（1）和列（4）可看出，相较于非"一带一路"沿线国家，"一带一路"沿线国家来华留学生规模受到双边教育协定的影响更大，验证了假设 3。这很大程度上受到国家政策的导向作用，随着"一带一路"倡议的推进，中国也在2016 年提出"丝绸之路奖学金"计划，"一带一路"沿线国家来华留学生逐年增多，并成为来华留学的主力军。而且"一带一路"沿线国家来华留学规模更易受到中国两国已有的双边经贸联系（lnfdi）的影响，其系数为0.18，非"一带一路"沿线国家的影响系数则为 0.13。友城关系也对"一带一路"沿线国家的作用更大，可见友好政治外交关系是"一带一路"沿线国家留学生来华的主要助推力。地理距离则与总体回归结果一致呈负向影响，体现了距离在国际教育服务贸易中的"冰山成本"。其他变量的回归系数与显著性则与整体样本的回归结果大致相同。

表 3 - 5　　　　　　区分是否"一带一路"沿线国家的回归结果

变量	"一带一路"沿线国家			非"一带一路"沿线国家		
	（1）来华留学生	（2）来华学历生	（3）来华非学历生	（4）来华留学生	（5）来华学历生	（6）来华非学历生
	lnstu	lndegree	lnnondegree	lnstu	lndegree	lnnondegree
treaty	0.14 *** (4.58)	0.24 *** (6.79)	0.1 *** (2.56)	0.03 (1.37)	0.08 *** (3.26)	0.06 ** (2.33)
lngdpper	0.07 (1.48)	- 0.07 (- 1.55)	0.12 ** (2.01)	0.24 *** (12.22)	- 0.3 *** (- 11.29)	0.52 *** (23.4)
lnfdi	0.18 *** (7.62)	0.21 *** (7.58)	0.22 *** (7.98)	0.13 *** (8.51)	0.24 *** (12.47)	0.05 ** (2.89)
lndis	- 1.48 *** (- 7.98)	- 1.64 *** (- 8.32)	- 1.31 *** (- 6.1)	- 1.09 *** (- 12.74)	- 0.96 *** (- 8.65)	- 1.16 *** (- 13.2)
lnpop	0.57 *** (17.10)	0.64 *** (17.75)	0.34 *** (7.67)	0.4 *** (20.61)	0.13 *** (5.62)	0.65 *** (29.84)
fcity	0.01 * (1.72)	0.04 *** (6.61)	0.03 *** (4.02)	0.0003 (0.28)	0.003 *** (2.77)	- 0.0004 (- 0.31)
scholarship	0.17 *** (3.74)	0.25 *** (4.45)	0.03 (0.56)	0.4 *** (6.97)	0.5 *** (5.98)	0.28 *** (6.08)
常数项	5.65 *** (4.01)	- 17.80 *** (- 1.99)	6.81 *** (4.17)	4.41 *** (4.81)	10.04 *** (8.35)	- 1.55 * (- 1.68)
个体固定效应	是	是	是	是	是	是
时间固定效应	是	是	是	是	是	是
N	602	602	602	848	848	848
R^2	0.82	0.85	0.67	0.87	0.81	0.89

注：*** 、** 、* 分别表示在 1% 、5% 、10% 的置信水平上显著。

（三）区分发达国家和发展中国家的分组检验

近年来，发展中国家的来华留学生越来越多，而发达国家的来华留学规模出现增速下降的情况。为了检验双边教育协定对发展程度不同的国家来华留学生的异质性影响，从而更有针对性地为来华留学事业发展提出政策建议，本书依据联合国公布的分类方法，将 104 个样本生源国划分为 27 个发达国家和77个发展中国家。从表3-6样本列（1）与列（4）来看，双边教育协定的签订对发达国家的影响都大于对发展中国家的影响，系数分别为0.14和0.03，相差较大，实证结果与假设4相符。这是因为发达国家的留学生特别是学历生，更为看重教学质量，双边教育协定的签订能同时在生源国和目的国间提供学位认证保障，促使发达国家留学生坚定来华留学的意愿。此外，从奖学金支持力度的回归系数来看，中国政府奖学金对发达国家来华留学生的吸引力度不如对发展中国家来华留学生的大。对发达国家的留学生而言，留学费用不再是重要的影响因素，但对于经济发展水平不高的发展中国家留学生而言，在选择目的国时候更考虑留学费用，需要一定的奖学金政策支持去弥补他们的留学成本。

表3-6 区分发展中国家与发达国家的回归结果

变量	发达国家			发展中国家		
	（1）来华留学生	（2）来华学历生	（3）来华非学历生	（4）来华留学生	（5）来华学历生	（6）来华非学历生
treaty	0.13 *** (4.83)	0.23 *** (5.24)	0.12 *** (4.24)	0.12 *** (4.9)	0.12 *** (4.38)	0.16 *** (5.03)
lngdpper	0.63 *** (8.3)	-0.16 (-1.22)	0.79 *** (10.88)	-0.14 *** (-3.36)	-0.36 *** (-9.35)	0.03 (0.69)
lnfdi	0.18 *** (10.49)	0.32 *** (11.52)	0.15 *** (8.39)	0.19 *** (12.54)	0.25 *** (13.64)	0.15 *** (8.74)
lndis	-1.14 *** (-12.53)	-1.23 *** (-10.24)	-1.1 *** (-11.48)	-0.78 *** (-11.26)	-0.59 *** (-7.82)	-0.96 *** (-11.84)
lnpop	0.59 *** (12.11)	0.29 *** (4.02)	0.66 *** (13.36)	0.38 *** (17.83)	0.3 *** (10.77)	0.42 *** (14.96)
fcity	0.007 (0.69)	0.004 *** (2.94)	0.0002 (0.19)	0.004 (1.01)	-0.02 *** (-3.57)	0.02 *** (4.57)
scholarship	0.14 *** (3.3)	0.19 *** (2.75)	0.12 *** (3.23)	0.27 *** (5.55)	0.4 *** (6.4)	0.09 ** (2.04)
常数项	-2.15 * (-1.78)	8.01 *** (4.22)	-5.21 *** (-4.25)	4.11 *** (5.60)	4.14 *** (4.83)	2.94 *** (3.38)

续表

变量	发达国家			发展中国家		
	（1）来华留学生	（2）来华学历生	（3）来华非学历生	（4）来华留学生	（5）来华学历生	（6）来华非学历生
个体固定效应	是	是	是	是	是	是
时间固定效应	是	是	是	是	是	是
N	384	384	384	1066	1066	1066
R^2	0.91	0.84	0.91	0.82	0.79	0.74

注：*** 、** 、* 分别表示在 1% 、5% 、10% 的置信水平上显著。

四、拓展检验

双边外交是国家间主动性的对外交流，双边关系越紧密，越能降低文化距离的阻碍作用，从而吸引海外学生来华留学（唐静、许陈生，2018）。双边国家为了维持良好的外交关系和共享的政治利益，会倾向于保护留学生在华权益，因此，良好的双边外交关系可在一定程度上视为对来华留学行为的保护机制，可能与双边教育协定存在替补作用。基于此，本书引入解释变量（treaty）与双边外交关系（relationship）的交互项，运用混合回归模型进行实证检验，首先总体分析外交关系与双边教育协定的互补或替代作用；其次区分生源国的异质性比较研究。

（一）整体样本拓展检验

通过表 3 - 7 列（1）可以看出，整体样本的双边教育协定与双边外交关系交互项的回归系数为负，因而两者存在替代作用，与假设 5 相悖。但从区分学历层次的样本列（2）和列（3）来看，交互项对来华学历生的回归系数为正，对来华非学历生的回归系数为负，说明双边教育协定与双边外交关系两者对不同学历层次的来华留学生起着不同的作用。这可能是因为来华学历生同时注重双边外交关系和双边教育协定的签订，需要两者配合提供双重保障，而非学历生留学时间短暂，只需要其中之一释放出积极的信号机制便可吸引其来华。从显著性水平来看，双边教育协定的回归系数为正，但显著性不强，可能是加入双边外交关系后，两国之间的友好外交关系就会促进教育的深入交流合作，因而双边教育协定在来华留学的抉择上所发挥的作用不如原来的显著。

表3-7　　　　　　　　引入双边外交关系的整体样本回归结果

变量	（1）来华留学生 lnstu	（2）来华学历生 lndegree	（3）来华非学历生 lnnondegree
treaty	0.1 ** (2.04)	0.08 (1.51)	0.11 * (1.87)
treaty × relationship	-0.002 (-0.14)	0.03 *** (1.59)	-0.01 (-0.55)
relationship	0.12 *** (2.69)	0.08 *** (1.46)	0.15 *** (2.79)
lngdpper	0.45 *** (10.83)	0.04 *** (0.92)	0.69 *** (14.15)
lnfdi	0.31 *** (28.62)	0.42 *** (34.23)	0.28 *** (22.06)
lndis	-1.06 *** (-8.41)	-0.88 *** (-6.04)	-1.17 *** (-7.9)
lnpop	0.47 *** (10.12)	0.25 *** (4.69)	0.58 *** (10.6)
fcity	-0.005 *** (-2.68)	-0.001 *** (-0.63)	-0.01 *** (-2.65)
scholarship	0.11 *** (4.01)	0.13 *** (4.23)	0.06 * (1.87)
常数项	0.39 (0.27)	3.64 *** (2.19)	-2.81 * (-1.67)
N	1450	1450	1450
R^2	0.73	0.77	0.78

注：***、**、*分别表示在1%、5%、10%的置信水平上显著。

（二）区分生源国异质性的拓展检验

为了检验在不同国家类别下，双边外交关系友好是否会强化双边教育协定对来华留学生规模的正向影响，后面对生源国进行分类回归。表3-8的列（1）和列（2）报告了区分是否"一带一路"沿线经济体的回归结果。双边外交关系良好的前提下，双边教育协定的签订在中国对"一带一路"沿线国家的教育出口中能起到锦上添花的作用，但显著性并不强。而在中国对非"一带一路"沿线国家的教育出口中，友好的双边外交关系与双边教育协定起到互相替代的作用。列（3）和列（4）的回归结果表明，在区分发展中国家和发达国家的样本中，双边外交关系与双边教育协定的交互项回归系数分别为-0.02和-0.01，说明两者间有替代关系，但可能由于区分生源国异质性后数据样本量减少等原因，导致显著性降低。综上来看，在中国的教育服务贸易出口中，双边外交关系和双边教育协定中任一项起到制度保障作用即可，两者可以互相替代。

表3-8　　　　引入双边外交关系的区分生源国异质性的回归结果

变量	（1）"一带一路"沿线国家	（2）非"一带一路"沿线国家	（3）发展中国家	（4）发达国家
	lnstu	lnstu	lnstu	lnstu
treaty	0.05 （0.66）	0.1 （1.39）	0.15 *** （2.54）	0.21 *** （3.02）
treaty × relationship	0.02 （0.92）	-0.004 （-0.21）	-0.02 （-0.99）	-0.01 （-0.44）
relationship	0.04 （0.6）	0.18 *** （2.86）	0.1 ** （1.86）	0.19 *** （2.85）
lngdpper	0.43 （5.24）	0.48 *** （9.17）	0.33 *** （5.56）	0.77 *** （6.16）
lnfdi	0.3 *** （13.52）	0.33 *** （25.22）	0.42 *** （26.02）	0.16 *** （12.82）
lndis	-1.72 *** （-5.17）	-1.15 *** （-5.95）	-0.98 *** （-6.91）	-1.25 *** （-7）
lnpop	0.57 *** （6.7）	0.35 *** （6.74）	0.39 *** （7.4）	0.61 *** （8.23）

续表

变量	(1) "一带一路"沿线国家	(2) 非"一带一路"沿线国家	(3) 发展中国家	(4) 发达国家
	lnstu	lnstu	lnstu	lnstu
fcity	-0.01* (-1.44)	-0.01*** (-2.88)	-0.01* (-1.63)	0.0004 (0.25)
scholarship	0.09*** (2.5)	0.15*** (3.57)	0.1*** (2.84)	0.02 (0.71)
常数项	4.74*** (1.57)	2.78 (1.31)	1.22 (0.75)	-2.94 (-1.31)
N	602	848	1066	384
R^2	0.76	0.78	0.68	0.94

注：***、**、*分别表示在1%、5%、10%的置信水平上显著。

第五节 结论与启示

基于104个国家的面板数据检验双边教育协定的签订对来华留学生规模的影响，得出以下结论。

1. 双边教育协定的签订能显著地促进来华留学生规模的增长，并且它对学历生的影响大于对非学历生的影响，这是因为学历生所需来华留学时间更长，因而正式制度的保障能带来更大的激励作用。

2. 双边教育协定的影响存在国别异质性差异：在对"一带一路"沿线国家和非"一带一路"沿线国家检验结果的比较中，双边教育协定对"一带一路"沿线国家来华留学生规模产生了更为显著的促进作用，说明双边教育协定是对"一带一路"倡议中文化互联愿景的延伸，是双边国家进一步交往的制度依托。

3. 在区分国家经济发展水平时，本书发现双边教育协定对发达国家来华留学生规模的促进作用比对发展中国家的大。这是因为发达国家学生来华留学更看重教育相关法规的完善，双边教育协定的签订可以起到一定制度保障作用。

4. 引入双边外交关系这一交互项后，无论是在总体样本组中还是在区分生源国异质性的样本组中，双边教育协定和双边外交关系在对来华留学生权益的保护上皆存在替代作用。

上述结论表明，中国应该与其他国家积极订立更高合作程度的双边教育协定。来华留学生规模直接受到双边教育协定的影响，因此，正式的制度安排对来华留学事业发展具有重要的意义。根据本书研究结论，可得出以下政策启示。

1. 缔结高标准的双边教育协定。我国与其他国家签订双边教育协定会加深双边教育文化交流，其中交流合作程度更高的学历学位互认协议更能显著扩大来华留学生规模，优化学历层次结构。教育部应该积极牵头与他国订立更高标准的教育交流合作协定，并根据国际教育发展的需求增立新的条款，从而增强留学生来华学习的信心和对中国教育的认可。

2. 发挥"一带一路"倡议的积极作用。双边教育协定的签订对"一带一路"沿线国家学生的吸引力明显高于非"一带一路"沿线国家。中国要合理利用已搭建好的国际政治关系，打通生源国教育市场，推进与"一带一路"沿线国家的互联互通，进一步提升双边合作关系。未来我们需要借助"一带一路"倡议提供的舞台，构建教育服务贸易共同体，开展多样化深层次的人才培养合作体系、建设科研平台等，为丝路合作机制提供人才保障和技术支撑。

3. 通过主动的双边外交活动，营造良好的双边外交关系。良好的双边关系作为非正式的保护机制，能够增强双边国家的政治互信，传递积极的保护信号，降低来华学生的风险预期，从而促进来华规模和质量的提升。因此，要发挥好外交的"润滑油"作用，积极宣传中国的留学教育，展示阶段性教育成果，推进我国教育服务贸易国际合作水平的提高。

4. 打造中国留学品牌，吸引更多优质生源。中国各高校要整合优秀教学资源，提高教学水平，打造中国特色教育品牌，完善教育体系，努力与国际化接轨，从而提高国际社会对中国教育的认可，增强教育产品竞争力，吸引跨文化复合型人才，为我国经济高质量发展提供充裕的人才储备与技术支持。

第四章

心理距离对来华留学服务贸易的影响

本章首先以 2003~2016 年 36 个国家来华留学生人数为样本，重点考察了心理距离对来华留学规模的影响，并进一步考察了设立孔子学院平台及签订双边学历互认协议等主动措施在心理距离与来华留学关系中的作用机制。其次本章将心理距离分为三个二级维度，并根据国别分别考察这三个维度对来华留学规模的影响。结果表明，心理距离的三个维度均对来华留学规模具有显著影响，地理距离、政治距离和文化距离均会阻碍来华留学的规模发展。在分国别效应比较上，政治距离、文化距离对于发达国家的消极作用比发展中国家更为突出，而孔子学院对于消除发达国家文化距离和政治距离对来华留学的消极影响比发展中国家更加稳健。特别是对于发达国家而言，学历互认能够显著降低地理距离、政治距离、文化距离带来的消极影响，而对于发展中国家而言，并无明显作用。最后结合本书的实证研究，为我国更好地依托道路联通、政策沟通、孔子学院平台与学历互认等措施扩大来华留学规模，发展教育服务贸易提出相应的政策建议。

第一节　研究背景

"人类命运共同体"要求我国高校需要充分发挥文化使者的角色和意识，积极开展国际化文化教育实践。而来华留学教育是应对国内外复杂形势，构建全面对外开放格局重要战略布局中的关键一环，是实现中外不同文明交流互鉴的重要方式，是中国日渐开放包容的重要体现，也是为国家重大战略提供国际人才支撑的重要途径。更具有深远意义的是，吸引外国留学生来华，不仅可以推动国家间的文化交流与友谊的巩固，更有利于我国大国形象的建立和中华文化的传播，培养"知华""友华"人士。在国际化程度日益加深的今天，留学生是一个国家或地区重要的人才资源。打造"留学中国"品牌，提升世界对我国教育的认可度，已成为当前中国战略性崛起的重要内容。

不可忽视的是，近年来，来华留学生教育服务业增速下降，发展后劲不足成为制约来华留学生发展的突出问题。我国来华留学规模占世界留学市场的份额比起美国依然偏低（方宝、武毅英，2016），学科分布仍然偏文科，学历层次偏低，我国教育服务贸易的国际竞争力仍处于劣势，在全球发展留学教育的整体竞争力不足，教育服务贸易始终处于逆差状态（杨大伟等，2016）。王峰（2012）认为，我国对国际留学生吸引力仍然不足。

迄今为止，关于来华留学意愿研究的文献已较为丰富。已有学者认识到来华留学生在传播中华文化、改善外交关系、增强国家"软实力"、推动国际贸易以及提升中国影响力中发挥的巨大作用。因此，学者们开始对哪些因素会吸引留学生选择来中国展开了积极的探讨。

事实上，对来华留学生影响因素研究的方向偏重宏观因素的考量与定性研究，缺乏对来华留学因素共同作用的分析，更缺乏系统的理论框架对心理等关键因素进行分析。相对于经济等宏观因素的考量，海外留学生选择来华可能更容易受到心理距离的约束。这种约束造成的信息流动障碍和文化的不适应可能会影响他们选择来华的意愿。特别自"一带一路"倡议的提出以来，民心相通作为"一带一路"倡议的根本归宿而言，并非是虚无缥缈的，它对于影响来华留学也具有现实的影响。因此，研究心理距离对来华留学人数的影响对进一步研究来华留学工作大有裨益。

第二节 相关文献研究

一、关于来华留学生的研究

从总体来看，由于来华留学兼具服务贸易与教育的交叉特征，最初的实证研究方法是以构建引力模型、"推动—拉动"模型等为主。宋华盛和刘莉（2014）通过引力模型分析发现，中国的经济水平与发展潜力、科技与教育水平，双边的贸易关系、学历互认协议等因素对留学生来华有显著的促进作用。陈和巴内特（Chen and Barnett，2000）认为，留学生的数量与国家的地理因素、政治因素存在关系。随后，学者们开始关注文化因素对留学生区位选择产生影响的作用机制。马扎罗尔和苏塔（Mazzarol and Soutar，2002）以及拉辛等（Racine et al.，2003）的研究都强调了两国社会之间语言、文化方面的联系是非常重要的影响因素。随着研究的深入，越来越多的研究发现，来自不同发展水平的国家或不同区域的学生在选择来华留学时考虑的因素是存在差异的。安然和张仕海（2008）、宋华盛和刘莉（2014）区分了发达国家和发展中国家学生对选择到我国留学时关注因素的不同，相对于发展中国家留学生看重我国的经济水平与发展潜力、科技和教育水平等因素，发达国家留学生更看重科技教育水平和国内重大事件的影响（即国家稳定情况）。另外，蔡宏波等（2016）从区域出发，认为区域的经济发展水平、教育质量、教育资源和教育机会的程度差异会影响外国学生对留学区域的选择。而华裔与非华裔对来华留学需求差异也存在差异（陈奕容，2006）。李婧和谢佳（2016）认为，东亚学生更多注重学术，东南亚学生更看重生活服务设施，西亚学生则更看重毕业后的就业问题。林航等（2016）对孔子学院进行了研究，从文化感知、文化体验以及文化理解视角来分析它对来华留学生的影响，进一步发现了相比于发达国家，在发展中国家建立孔子学院更有利于我国吸引海外留学生。

二、关于心理距离的研究

1912 年，英国心理学家布洛（Edward Bullough）首次提出了"心理距离说"。在其后很长一段时间里，心理距离都只是被用于美学理论的阐述和心理学范畴的研究。直到 20 世纪 50 年代，伯克曼（Beckerman，1956）通过他的《距离与欧洲各国间的贸易格局》一文把心理距离首次引入国际贸易问题的研究上，他认为，在飞行运输成本趋向降低的未来，由地理距离及运输成本计算得到的经济距离对国际贸易的影响逐渐减小，国家间心理距离对国际贸易的影响可能会越发突显。此后，心理距离逐渐成为学术研究的热点

（Johanson and Vahlne，1977），也被应用于越来越多的学术领域，其内涵也在不断扩展。

若要研究心理距离和来华留学规模之间的关系，先要了解如何对心理距离进行操作化：心理距离的内涵是什么？它由哪些维度构成？这些维度又该如何测量？赛克斯（Sykes，1987）认为，"距离"是两个据点的相似或差异程度，并提出不确定性的概念，指对特定事情缺乏确实感。后来，诺德斯特龙和瓦尔尼（Nordstrom and Vahlne，1994）认为，心理距离是跨国公司管理人员对母国和东道国之间的语言差异、文化差异、商务惯例等多方面的感知。不同的研究视角下心理距离的内涵存在差异，但也有共性。纵观国内外的相关研究，本书认为，在对来华留学规模的研究中，心理距离应理解为来华留学生感受到的其母国与中国在地理、经济、政治、文化社会等多方面的差异性。

随着心理距离被纳入研究国际贸易流通的文献，关于心理距离的测量也随之不断发展。早期的文献主要从主观感知视角出发，通过对决策者的感知决定对投资决策区位选择的影响（Dichtl et al.，1984；Holzmuller and Kasper，1991）。但这一方法主要从个人层面出发，无论在测量方法还是主观判断的时间节点上都存在争议与局限性。为了解决主观感知视角测量导致的结果的不稳定性与非同质性问题（张华荣等，2015），学者们开始转向宏观层面来测量心理距离。博亚西吉尔（Boyacigiller，1990）提出心理距离的维度具有多样性，认为心理距离是理解国际化过程动态性的重要因素之一，他把宗教文化、政府形式、经济发展以及移民水平等纳入心理距离的构成维度去研究。莫罗西尼（Morosini，1994）和霍夫斯塔德（Hofstede，1980、1991）将文化距离作为心理距离的替代变量，并对本国市场与国外市场间的文化与商业认知进行差异比较。埃文斯（Evans，2000）则认为，心理距离包含了语言、宗教、商业管理、教育水平、经济发展水平和产业结构以及政治法律体系，并将心理距离定义为妨碍企业学习和认知外部环境的综合性因素。彻马瓦特（Ghemawat，2001）将心理距离维度分为文化、行政、地理、经济四个维度对全球各国商业机会进行测量。后来，文化距离（Demirbagetal，2007）和制度距离（Lu，2007）两个维度被部分学者纳入心理距离的维度进行测量。霍坎松和安波斯（Hakanson and Ambos，2010）通过实证检验指出，心理距离的确受到文化、地理、政治和经济各方面因素的影响。国外有关心理距离的研究逐渐从个人感知层面转向国家宏观层面，所以环境变量渐渐地纳入心理距离的构成维度，主要包括政治制度、文化因素、地理因素和发展因素等。

国外学者对于心理距离的测量主要基于主观感知视角、信息流动视角。国内学者起步研究心理距离相对较晚，国内学者易江玲和陈传明（2014）在研究心理距离时从缘分视角出发，将心理距离划分为典缘、地缘和人缘。典缘由政治制度和文化构成；地缘由地理距离和共同边界构成；人缘由华人社会网络和语言构成。研究发现这些"缘"的存在能够有助于跨国公司获取东道国的市场信息、提升母公司竞争优势等。随后，易江玲和陈传明（2015）进一步地对信息流动视角、主观感知视角和缘分视角下心理距离的主要观点、相互之间的联系和区别以及构成维度等做了深入的研究和较系统的阐述。

目前，在研究中有部分学者把文化距离直接等同于心理距离进行测量，但实际上这种做法很容易产生误导，道（Dow，2002）指出，单独使用 Hofstede 量表测量所得的文化距离代替心理距离，在实证分析中的预测效度比综合测量心理距离的效度要低。继而，道等（Dow et al.，2006）从理论层面指出，文化距离是心理距离的一个组成部分，把文化距离作为测定心理距离的一个二级指标更佳。有部分学者主张从国家宏观层面去构建心理距离的维度。纵观国内外的研究，本书认为，在来华留学规模的研究中，考量心理距离不应只是简单地对文化或地理等单独的维度进行测量，而需要对两国之间的地理距离、经济发展水平、政治治理水平以及文化等多维度进行考量。因此，本书把地理距离、文化距离、政治距离纳入心理距离的维度，考虑到发展水平的因素已被许多研究证明其对留学目的地选取存在显著的影响，所以本书将其作为一个控制变量考虑。另外，现有的研究中心理距离的政治维度通常只考虑两国政治制度差异或政治治理水平中的个别因素，这导致这一维度反映两国政治的差异时不够全面，因此，本书采用全球治理指数中政府有效性、政治稳定性、法治程度和腐败控制等六个维度计算出政治距离来作为心理距离的维度。除了构建心理距离的三个维度以外，本书在模型中还加入了对外贸易依存度、国家人口、两国外交关系等变量，考虑到留学生的心理距离还可能受到文化交流等影响，本书加入了一系列的调节因素，例如留学生来源国的孔子学院数量和双边学历互认协定，这都使本书对心理距离和来华留学生规模的研究更深入、系统化。

研究心理距离对来华留学的影响兼具现实意义和理论价值。本书引言已对其现实意义做了论述，此处不再赘述。目前心理距离主要应用于国际贸易、营销理论、心理学等领域的研究，且已有的研究证明，其与这些方面确实显著相关。无论是贸易、营销还是心理学，都是受"人"的因素影响较大的学科。与有形商品贸易相比，教育服务贸易同样容易受到人的因素影响，所以研究人的心理距离对它们的影响是有意义的。但目前心理距离却尚未被应用于留学生规模的研究中。易江玲和陈传明（2014）的研究已表明，心理距离的缩小有助于跨国公司获取东道国的市场信息并且提高管理者在东道国的适应性和信任度，而跨国投资和出国留学是存在相似性的，根据类比推理我们猜测心理距离对来华留学生规模也是存在影响的。因此，本章研究引入心理距离对来华留学生规模进行研究，测量构成心理距离的三个维度：地理距离、政治距离和文化距离对来华留学生产生的影响，进而为发展中国教育服务贸易、吸引来华留学生、实现民心互通提供具有实际价值的理论建议。

第三节　影响机制与研究假设

前面提出的问题都需要进行严谨的推导和实证分析，本节在研究心理距离对来华留学生的影响机制时，具体对地理距离，政治距离，文化距离三个维度的作用进行研究。

一、地理距离

宋华盛和刘莉（2014）认为，地理距离是留学生选择来华时候的一大阻碍性因素。魏浩和赖德胜（2017）进一步发现，无论是发达国家还是发展中国家的学生，在选择发达国家作为留学目的国时地理距离的影响会有所不同，但在选择发展中国家作为留学目的国时，都会倾向于选择地理距离较近的发展中国家。

有些信息可以通过电子邮件、语言邮件以及电话等电子方式进行沟通，但电子沟通方式容易导致沟通传递的障碍，学生需要自己揣摩相关信息的意图，信息容易膨胀或者被删减，使信息被过滤掉。因此，对于一些重要的信息，面对面交流的方式显得更为重要，它可以消除媒介的障碍，使信息的传递与反馈过程更为迅速。两国的地理距离相近，能够为两国带来空间上的便利，缩短政治、经济以及文化活动交流的时间，从而减少时间上产生的成本，使信息更有效率被接收，外国学生能够更为及时、准确地获得留学的相关信息。

地理的便利使留学生的信息获取更为容易，这种便利可能使留学生对目的国感到更为亲切，心理上更为认同目的国。地理距离过于遥远，对两国交流沟通会起阻碍作用，使学生获得来华信息的成本升高，对目的国可能会更为陌生，不利于外国人才做出来华留学的决定。因此，本书提出以下假设。

假设 1：中国与来源国的地理距离越近，来华留学生规模越大。

二、政治距离

政治关系是人类文明最基本的关系之一。戴维·伊斯顿曾说："政治是对价值的权威性分配"，其准确地描述了政治对利益分配的重要影响。实际上，政治环境会对公民的价值观念也可能存在潜移默化的影响。田甜（2010）认为，良好的政治环境对人才成长有导向、保护和激励作用，能够更好地促进人才发展，而落后的政治环境对人才的社会活动、思想和被承认程度有负面影响。因此，在不同政治环境中成长的人很可能会具有不同的思维方式和行为习惯。这一方面的因素必定也会对留学生作留学目的国选择决策产生一定的影响。

易江玲和陈传明（2014）的研究表明，由于身处于不同的政治环境而造成的主观心理距离，通过影响跨国公司管理人员的适应情况，会影响其在东道国的经营行为。将留学生与公司管理人员类比，可推测由政治环境差异导致的心理距离也会影响留学生的来华意愿和适应情况。国际学生来华后，不可避免地要与中国的学校和相关政府部门打交道，如果母国与中国政治环境相似度高，留学生心理上产生的距离感不大，可能会更容易熟悉新环境。反之，假如留学生的母国与中国的政治环境差异过大，留学生无法认可中国学校的处事方式，导致心理距离较大，可能会使他们因难以适应而放弃到中国留学。

因为留学生是否来华受到其母国与中国在政治方面的差异的影响，因此，可用心理距离的维度之一——政治距离来探究政治方面的差异与心理距离的关系，进而研究心理距离对来华留学规模的影响机制。因此，本书提出以下假设。

假设2：中国与来源国的政治距离越近，来华留学生规模越大。

三、文化距离

汪刘生（1991）提到，文化是教育产生的基础，文化以蕴含在它背后起综合作用的要素——价值来影响人们对教育的目的、地位、作用、方式、方法的理解和判断，使教育处处体现着文化的价值取向。斯蒂芬·博希纳（Stephen Bochner）在 *Psychology of Culture Shock* 一书中指出，产生国家之间文化距离的主要原因在于价值观差异，这是导致文化冲击和文化不适应的源头。中国与其他国家文化上的距离会转化成外国留学生在了解中国留学时产生的心理距离，进而影响他们对于留学目的国的选择。

即使外国学生已到中国来留学，文化上的距离也会影响他们的留学生活。根据认知知觉模式分析，当个人接触不同的文化时，习以为常的生活方式、思维习惯等都会遭到冲击，导致人们的认知、行为和情感会发生变化，这种变化可能会给人带来压力，造成心理失衡。因此，留学生无论在学业上还是生活上都较易产生沮丧和挫败感，再加上其他方面的压力，例如经济压力，他们与东道国之间的心理距离很可能会进一步扩大。

此外，消除语言、思维方式等造成的文化距离的影响需要大量的时间与精力。金（1995）指出，跨文化交流是一个"涵化"过程。当压力过大时，涵化者会出现"文化休克"现象。由此可见，文化适应是一个漫长的过程，需要投入大量的时间、精力甚至金钱，所以留学生可能会更倾向于选择文化相近的国家，以此来减少因文化距离而增加的留学成本。

综上所述，国家间的文化距离会转化为留学生的心理距离，继而影响来华留学生规模，因此，本书提出以下假设。

假设3：中国与来源国的文化距离越小，来华留学生规模越大。

第四节　研究设计

一、样本选择

参考《来华留学生简明统计》及多方数据，基于样本的可得性，并剔除缺失数据的经济体，本书最终选择 36 个具有较高代表性的国家进行客观研究及评价，以其 2003～2016 年来华留学生的面板数据来分析心理距离对留学生规模的影响，样本选取时涵盖来华留学生人数排名前 20 位的国家。本书最终选取的样本国家包括：俄罗斯、德国、意大利、法国、英国、西班牙、乌克兰、土耳其、韩国、日本、新加坡、印度尼西亚、越南、印度、巴基斯坦、哈萨克斯坦、吉尔吉斯斯坦、蒙古国、老挝、缅甸、泰国、马来西亚、菲律宾、孟加拉国、尼泊尔、也门、乌兹别克斯坦、尼日尔、几内亚、刚果（金）、加纳、坦桑尼亚、美国、加拿大、澳大利亚和哥伦比亚共 36 个国家（见表 4－1）。

表 4－1　　　　　样本包括的国家/地区（按洲际分类）

11 个发达国家			
亚洲	北美洲	欧洲		大洋洲
韩国	加拿大	德国	西班牙	澳大利亚
日本	美国	法国	意大利	
新加坡			英国	

25 个发展中国家			
亚洲		欧洲	非洲	南美洲
巴基斯坦	尼泊尔	俄罗斯	刚果（金）	哥伦比亚
菲律宾	泰国	土耳其	加纳	
老挝	乌兹别克斯坦	乌克兰	几内亚	
马来西亚	也门		尼日尔	
蒙古国	印度		坦桑尼亚	
孟加拉国	印度尼西亚			
缅甸	越南			
哈萨克斯坦	吉尔吉斯斯坦			

二、变量、测量和数据

1. 来华留学生人数。

本书采用各国 2003 ～ 2016 年的来华留学生人数（ForeiStu）作为因变量。数据主要来源于教育部各期《来华留学生简明统计》和各期《中国教育年鉴》。

2. 地理距离。

本书的地理距离（GeoDis）以中国北京与其他国家首都之间的地理距离计算，是心理距离的一个构成维度。数据来源于 CEPII 数据库，通过经纬度和大圆公式计算得出。

3. 政治距离。

留学生母国和中国的政治治理水平有差异，产生这种差异的原因在于国家性质和社会关系的不同。换言之，政治体制方面的差异，决定了政治治理过程的差异（汪仕凯，2016）。由于政治体制的差异难以测量，因此，本书以政治治理能力反映不同政治体制的差异程度，以此来衡量两国的政治距离（PoliDis）。

本书的政治距离表示中国与其他国家的政治治理能力的差异程度，是心理距离的一个构成维度。数据来源于世界银行经济学家考夫曼等（Caufmann et al.）编制的 WGI 指数。WGI 的六个维度分别为：腐败控制、法治程度、管制质量、政府有效性、政治稳定性非暴乱以及话语权和问责。测量差异大小的方法参考黄玖立和周泽平（2015）提出的政治距离计算方法，根据六个维度计算中国与其他国家的政治距离，即：

$$PD_i = \sum_{x=1}^{6} \left[\frac{(I_{xi} - I_{xc})^2}{V_x} \right] / 6$$

其中，I_{xi} 为第 i 个样本国在第 x 个政治维度的数值；I_{xc} 为中国在第 x 个政治维度的数值；V_x 为所有样本国第 x 个政治维度数值的方差。

4. 文化距离。

文化距离（CulDis）是心理距离的一个构成维度，表示各国在文化方面的差异。数据来源于创始人 Hofstede 个人官网。四个主要的差异维度为：权利距离、不确定性规避、男性/女性主义和集体/个人主义。文化差异大小参考科古特和辛格（Kogut and Singh, 1988）的方法进行计算，即：

$$CD_i = \sum_{k=1}^{4} \left[(I_{ki} - I_{kc})^2 / V_k \right] / 4$$

其中，I_{ki} 为第 i 个样本国在第 k 个文化维度的数值；I_{kc} 为中国在第 k 个文化维度的数值；V_k 为所有样本国第 k 个文化维度数值的方差。

5. 控制变量。

为了控制其他因素的影响，参考已有文献的做法，本书做以下控制。

（1）选取样本国人均 GDP 的对数值（lnPCGDP）描述经济发展水平以及宏观经济运行状况（綦建红、杨丽，2012），数据来源于世界银行网站。

（2）选取样本国人口数量的对数值（lnpopulation）描述人口基数，数据来源于世界银行网站。

（3）选取对外贸易依存度（dependent degreeon foreign trade）描述一个国家经济与外部经济联系的密切程度（佟家栋，2005），数据来源于世界银行网站。

（4）选取双边外交关系（DipRe）描述双方政治联系程度。参考贺书锋和郭羽诞（2009）赋值方法，将战略合作伙伴赋值 5，战略性合作伙伴关系赋值 4.5，全面友好合作伙伴赋值 3.5，全面合作伙伴赋值 3，友好合作伙伴或睦邻互信合作伙伴关系赋值 2，正常建交国家赋值 1，未建交国家赋值 0。

6. 政策作用分析。

近年来，政策因素对来华留学生的作用逐渐走进学者的研究视野。心理距离的影响机制是否会被各项政策所调节呢？各项政策对心理距离作用机制的调节是积极的还是消极的呢？本书以在生源国创办孔子学院及与生源国建立学历互认措施展开延伸研究。

2004 年，我国开始创办孔子学院，截至 2017 年 10 月，已有 516 所孔子学院在海外建立。作为传播汉语和中国文化的桥梁，孔子学院不仅为各国人民提供接触中华文化的机会，而且为增进国家间的友好关系做出重要的贡献。有学者认为，孔子学院作为推广汉语和传播中华文化的平台，提升了我国的声誉和软实力，有利于吸引更多国外学生来华留学（苗莉青、陈聪，2015）。然而，也有学者认为，当前发达国家的孔子学院已经发展到多样化办学阶段，所在国学生不必来华也能满足自己学习中国文化的需求，故孔子学院对扩大来华留学生人数实际上是起抑制作用（林航等，2016）。目前，学界对于孔子学院对来华留学影响尚无统一说法。

各国政府间的学历互认协议作为对对方国家学历的认可，也可能对学生留学的选择造成影响。截至目前，我国已与46个国家和地区签订了学历学位互认协议。刘莉（2014）指出，从全面性考虑制定吸引留学生来华的战略时，要充分考虑学历互认对于留学生回国工作的影响。

为了更深入考察核心变量的作用，本书进一步分别将三个核心变量（地理距离、文化差异和政治距离）与政策因素（孔子学院数量、学历互认协议）做交互项，对以上政策的调节效应进行检验（见表4-2）。

表4-2　　　　　　　　　变量描述统计及符号约定

变量	符号	单位	Mean	Max	Min	Std. Dev	样本量
来华留学生人数	ForeiStu	人	6980.8	66806	120	11391	332
地理距离	GeoDis	千米	6319.4	14937	955.65	3607.3	432
政治距离	PoliDis	—	1.81	5.65	0.11	1.59	432
文化距离	CulDis	—	2.41	3.85	0.37	1.11	432
人口	Population	人	97266080	1295291543	2469045	19826	432
人均 GDP	PCGDP	美元	13665	67653	169.91	17765	432
对外贸易系数	DDFT	—	79.75	439.66	0.31	64.33	414
双边外交关系赋值	DipRe	—	3.41	5	1	5.72	432
孔子学院数量	Conln	个	4.76	107	0	11.24	432
学历互认	AMR	—	—	1	0	—	408

第五节　实证结果与分析

一、基础模型

为了检验心理距离对来华留学生规模影响，将心理距离分为地理距离、政治距离、文化距离三个维度，基于上述分析以及借鉴已有文献，建立以下三个基本模型：

$$\ln(\text{ForeiStu})_{it} = \alpha_i + \beta_1\ln(\text{Population})_{it} + \beta_2\ln(\text{PCGDP})_{it} + \beta_3\text{DDFT}_{it}$$
$$+ \beta_4\text{DipRe}_{it} + \beta_5\ln(\text{GeoDis})_{it} + \varepsilon_{it} \qquad (4-1)$$

$$\ln(\text{ForeiStu})_{it} = \alpha_i + \beta_1\ln(\text{Population})_{it} + \beta_2\ln(\text{PCGDP})_{it} + \beta_3\text{DDFT}_{it}$$
$$+ \beta_4\text{DipRe}_{it} + \beta_5\text{PoliDis}_{it} + \varepsilon_{it} \qquad (4-2)$$

$$\ln(\text{ForeiStu})_{it} = \alpha_i + \beta_1\ln(\text{Population})_{it} + \beta_2\ln(\text{PCGDP})_{it} + \beta_3\text{DDFT}_{it}$$
$$+ \beta_4\text{DipRe}_{it} + \beta_5\text{CulDis}_{it} + \varepsilon_{it} \qquad (4-3)$$

其中，ln 表示取对数运算；α_i 表示截距项；β 表示回归系数；i 表示第 i 个国家；t 表示时间（2003~2016 年）；ε 表示误差项。

由于数据为非平衡面板数据，且地理距离、文化距离数据不随时间变化，因而采用个体随机效应模型对回归系数进行估计，估计结果如表4-3所示。

表4-3　　　　　　　　　　　　模型估计结果

变量	模型（4-1）	模型（4-2）	模型（4-3）
C	3.965 **	-7.646 ***	-11.444 ***
ln(Population)	0.368 ***	0.461 ***	0.717 ***
ln(PCGDP)	0.561 ***	0.950 **	0.832 ***
DDFT	-0.183	-0.105	-0.066
DipRe	0.269 ***	0.192 ***	0.244 ***
ln(GeoDis)	-0.913 ***		
PoliDis		-0.531 ***	
CulDis			-0.559 ***

续表

变量	模型（4-1）	模型（4-2）	模型（4-3）
F	75.346***	102.582***	73.627***
Adjusted R^2	0.489	0.567	0.526
样本数	389	389	328

注：*** 表示在 0.01 的置信水平上显著，** 表示在 0.05 的置信水平上显著，* 表示在 0.1 的置信水平上显著。

从基础模型回归结果可知，人口、人均 GDP 及外交关系项回归系数均显著且表现为正效应，说明人口越多、经济规模越大、与中国外交关系越密切的国家，来华留学人数越多。

模型（4-1）、模型（4-2）、模型（4-3）估计结果支持本书的假设，表示地理距离、政治距离、文化距离对来华留学生规模存在负效应。

二、稳健性分析

1. 政策作用分析。为了解孔子学院、学历互认对距离作用于来华留学规模机制的影响，本书继续对以下六个模型展开讨论，即：

$$\ln(\text{ForeiStu})_{it} = \alpha_i + \beta_1 \ln(\text{Population})_{it} + \beta_2 \ln(\text{PCGDP})_{it} + \beta_3 \text{DDFT}_{it}$$
$$+ \beta_4 \text{DipRe}_{it} + \beta_5 \ln(\text{GeoDis})_{it}$$
$$+ \beta_6 \text{in}(\text{GeoDis})_{it} \times \text{Conln} + \varepsilon_{it} \qquad (4-4)$$

$$\ln(\text{ForeiStu})_{it} = \alpha_i + \beta_1 \ln(\text{Population})_{it} + \beta_2 \ln(\text{PCGDP})_{it} + \beta_3 \text{DDFT}_{it}$$
$$+ \beta_4 \text{DipRe}_{it} + \beta_5 \text{POLiDis}_{it} + \beta_6 \text{PoliDis}_{it} \times \text{Conln} + \varepsilon_{it}$$
$$(4-5)$$

$$\ln(\text{ForeiStu})_{it} = \alpha_i + \beta_1 \ln(\text{Population})_{it} + \beta_2 \ln(\text{PCGDP})_{it} + \beta_3 \text{DDFT}_{it}$$
$$+ \beta_4 \text{DipRe}_{it} + \beta_5 \text{CulDis}_{it} + \beta_6 \text{CulDis}_{it} \times \text{Conln} + \varepsilon_{it}$$
$$(4-6)$$

$$\ln(\text{ForeiStu})_{it} = \alpha_i + \beta_1 \ln(\text{Population})_{it} + \beta_2 \ln(\text{PCGDP})_{it} + \beta_3 \text{DDFT}_{it}$$
$$+ \beta_4 \text{DipRe}_{it} + \beta_5 \ln(\text{GeoDis})_{it}$$
$$+ \beta_6 \text{in}(\text{GeoDis})_{it} \times \text{AMR} + \varepsilon_{it}$$
$$(4-7)$$

$$\ln(\text{ForeiStu})_{it} = \alpha_i + \beta_1 \ln(\text{Population})_{it} + \beta_2 \ln(\text{PCGDP})_{it} + \beta_3 \text{DDFT}_{it}$$

$$+ \beta_4 DipRe_{it} + \beta_5 POliDis_{it} + \beta_6 PoliDis_{it} \times AMR + \varepsilon_{it}$$
$$(4-8)$$

$$\ln(ForeiStu)_{it} = \alpha_i + \beta_1 \ln(Population)_{it} + \beta_2 \ln(PCGDP)_{it} + \beta_3 DDFT_{it}$$
$$+ \beta_4 DipRe_{it} + \beta_5 CulDis_{it} + \beta_6 CulDis_{it} \times AMR + \varepsilon_{it}$$
$$(4-9)$$

其中，Conln 为孔子学院数量；AMR 为学历互认情况。

由于数据为非平衡面板数据，且距离数据不随时间变化，因而采用个体随机效应模型对回归系数进行估计，估计结果如表 4 - 4 ~ 表 4 - 5 所示。

表 4 - 4   模型估计结果

变量	模型（4 - 4） ln（GeoDis）	模型（4 - 5） PoliDis	模型（4 - 6） CulDis
C	6. 368 ***	− 6. 231 ***	− 7. 332 **
ln(population)	0. 292 ***	0. 403 **	0. 540 ***
ln(PCGDP)	0. 456 ***	0. 891 ***	0. 756 ***
DDFT	− 0. 202	0. 170	− 0. 198
DipRe	0. 259 ***	0. 198 ***	0. 241 ***
Dis	− 0. 940 ***	− 0. 478 ***	− 0. 652 ***
Dis × Conln	0. 002 ***	0. 003 ***	0. 005 ***
F	72. 651 ***	91. 048 ***	72. 371 ***
Adjusted R^2	0. 526	0. 582	0. 567
样本数	389	389	328

注：*** 表示在 0.01 的置信水平上显著，** 表示在 0.05 的置信水平上显著，* 表示在 0.1 的置信水平上显著。Dis 表示对应距离项。

表 4 - 5   模型估计结果

变量	模型（4 - 7） ln(GeoDis)	模型（4 - 8） PoliDis	模型（4 - 9） CulDis
C	3. 976 **	− 6. 231 ***	− 7. 332 **
ln(population)	0. 367 ***	0. 403 ***	0. 540 ***
ln(PCGDP)	0. 456 ***	0. 891 ***	0. 756 ***
DDFT	− 0. 130	− 0. 170	− 0. 198

续表

变量	模型（4-7） ln(GeoDis)	模型（4-8） PoliDis	模型（4-9） CulDis
DipRe	0. 259 ***	0. 198 **	0. 241 ***
Dis	− 0. 836 ***	− 0. 478 ***	− 0. 652 **
Dis × AMR	0. 041 ***	0. 003 ***	0005 ***
F	58. 881 ***	91. 048 ***	72. 371 ***
Adjusted R²	0. 491	0. 582	0. 567
样本数	361	389	328

注： *** 表示在 0. 01 的置信水平上显著， ** 表示在 0. 05 的置信水平上显著， * 表示在 0. 1 的置信水平上显著。Dis 表示对应距离项。

从模型估计结果可知，距离变量对来华留学生规模的效应稳定，与不加入交互项计算结果符号一致。交互项系数表明，孔子学院的建立和学历互认的实行，减弱了地理距离、政治距离、文化距离对来华留学生规模的消极影响。

2. 考虑国别收入水平差异的参数估计结果。来华留学生母国的总体发展情况差异可能致使各项距离对来华留学生的影响作用机制、各项政策与作用机制的交互存在不同。世界银行根据人均国民生产总值（GNP）这一指标，将世界上 190 多个国家分成高收入国家、中收入国家、低收入国家三组，高收入国家为发达国家，中低收入国家为发展中国家。本书参考世界银行的做法，将样本国按人均国民生产总值指标区分为发达国家、发展中国家，其中，发达国家包括：德国、意大利、法国、英国、西班牙、韩国、日本、新加坡、美国、加拿大和澳大利亚共 11 个国家；发展中国家包括：俄罗斯、乌克兰、土耳其、印度尼西亚、越南、印度、巴基斯坦、哈萨克斯坦、吉尔吉斯斯坦、蒙古国、老挝、缅甸、泰国、马来西亚、菲律宾、孟加拉国、尼泊尔、也门、乌兹别克斯坦、尼日尔、几内亚、刚果（金）、加纳、坦桑尼亚和哥伦比亚共 25 个国家。

（1）发展中国家。对于发展中国家，参考模型（4-1）~模型（4-3），采用个体随机效应模型对模型（4-10）~模型（4-12）回归系数进行估计，估计结果如表4-6所示。

表4-6   模型估计结果

变量	模型（4-10）	模型（4-11）	模型（4-12）
C	1.949	-4.809**	-5.470
ln(population)	0.233***	0.273**	0.359*
ln(PCGDP)	0.820***	0.974***	0.860***
DDFT	-0.418***	-0.343*	-0.221
DipRe	0.210***	0.206***	0.225***
ln(GeoDis)	-0.546***		
PoliDis		0.282*	
CulDis			-0.091
F	60.456***	68.076***	47.961***
Adjusted R^2	0.560	0.589	0.576
样本数	235	235	174

注：*** 表示在0.01的置信水平上显著，** 表示在0.05的置信水平上显著，* 表示在0.1的置信水平上显著。

模型参数估计结果显示，对于发展中国家，政治距离、文化距离的作用不显著，与总体情况存在差异。从表4-6可见，心理距离中，作用于发展中国家来华留学生的主要为地理距离，地理距离对发展中国家来华留学生数量具有负效应。

继而，为研究创建孔子学院、实行学历互认对心理距离作用机制的影响，参考模型（4-4）~模型（4-9），采用个体随机效应模型对模型（4-13）~模型（4-18）回归系数进行估计，估计结果如表4-7、表4-8所示。

表4-7   模型估计结果

变量	模型（4-13） ln(GeoDis)	模型（4-14） PoliDis	模型（4-15） CulDis
C	3.211	-3.478	-5.419***
ln(population)	0.237***	0.276**	0.436**
ln(PCGDP)	0.672***	0.771***	0.652***
DDFT	-0.326*	-0.232	-0.051
DipRe	0.179***	0.185***	0.189***

续表

变量	模型（4-13） ln(GeoDis)	模型（4-14） PoliDis	模型（4-15） CulDis
dis	-0.588***	0.190	-0.116
Dis × Conln	0.008***	0.154**	0.033***
F	57.853***	67.889***	46.773***
Adjusted R²	0.593	0.632	0.614
样本数	235	235	174

注：***表示在0.01的置信水平上显著，**表示在0.05的置信水平上显著，*表示在0.1的置信水平上显著。Dis表示对应距离项。

表4-8　　　　　　　　　　模型估计结果

变量	模型（4-16） ln(GeoDis)	模型（4-17） PoliDis	模型（4-18） CulDis
C	1.868	-4.882**	-7.110*
ln(population)	0.237***	0.272**	0.447**
ln(PCGDP)	0.830***	0.994***	0.839***
DDFT	-0.429**	-0.390*	-0.094
DipRe	0.208***	0.204***	0.218***
Dis	-0.558***	0.320**	-0.100
Dis × AMR	-0.004	-0.146	-0.125
F	50.886***	57.483**	41.313**
R²	0.572	0.602	0.597
Adjusted R²	0.561	0.592	0.583
样本数	235	235	174

注：***表示在0.01的置信水平上显著，**表示在0.05的置信水平上显著，*表示在0.1的置信水平上显著。Dis表示对应距离项。

表4-7反映出，对于发展中国家，孔子学院能减弱地理距离对来华留学生的负面影响。表4-8反映出，学历互认在当前模型设定下，与距离之间的相互作用不显著。

（2）发达国家。参考模型（4-1）～模型（4-3），对发达国家，采用个体随机效应模型对模型（4-19）～模型（4-21）回归系数进行估计，估计结果如表4-9所示。参考模型（4-4）～模型（4-9），采用个体随机效应模型对模型（4-22）～模型（4-27）回归系数进行估计，估计结果如

表4－10和表4－11所示。

表4－9 模型估计结果

变量	模型（4－19）	模型（4－20）	模型（4－21）
C	−18.271 ***	−27.978 ***	−30.479 ***
ln(population)	1.199 ***	1.104 ***	1.535 ***
ln(PCGDP)	1.611 ***	1.816 ***	1.424 ***
DDFT	0.522 **	0.466 **	0.228
DipRe	0.198	0.085 **	0.219 ***
ln(GeoDis)	−1.441 ***		
PoliDis		−0.754 ***	
CulDis			−1.391 ***
F	34.706 ***	54.690 ***	33.588 ***
Adjusted R^2	0.524	0.637	0.516
样本数	154	154	154

注：*** 表示在0.01的置信水平上显著，** 表示在0.05的置信水平上显著，* 表示在0.1的置信水平上显著。

表4－10 模型估计结果

变量	模型（4－22） ln(GeoDis)	模型（4－23） PoliDis	模型（4－24） CulDis
C	−5.802	−24.500 ***	−14.798 ***
ln(population)	0.662 ***	1.013 **	0.877 ***
ln(PCGDP)	1.382 ***	1.613 ***	1.102 ***
DDFT	0.218	0.336	−0.298 **
DipRe	0.181 ***	0.099 **	0.227 **
Dis	−1.486 ***	−0.687 ***	−1.508 ***
Dis × Conln	−0.001 ***	0.002 **	0.004 ***
F	41.236 ***	48.059 ***	36.022 ***
Adjusted R^2	0.612	0.649	0.579
样本数	154	154	154

注：*** 表示在0.01的置信水平上显著，** 表示在0.05的置信水平上显著，* 表示在0.1的置信水平上显著。Dis表示对应距离项。

表 4-11　　　　　　　　　　　模型估计结果

变量	模型（4-25） ln（GeoDis）	模型（4-26） PoliDis	模型（4-27） CulDis
C	-12.427 ***	-27.763 **	-21.031 ***
ln（population）	1.180 ***	1.377 *	1.299 ***
ln（PCGDP）	1.206 ***	1.273 ***	0.973 ***
DDFT	0.558	1.309 **	1.001 *
DipRe	0.128 ***	0.074	0.153 ***
Dis	-1.612 ***	-0.820 ***	-1.760 ***
Dis × AMR	-0.071 ***	0.080 **	0.214 ***
F	28.609 ***	41.812 ***	28.295 ***
Adjusted R^2	0.570	0.662	0.567
样本数	126	126	126

注：*** 表示在 0.01 的置信水平上显著，** 表示在 0.05 的置信水平上显著，* 表示在 0.1 的置信水平上显著。Dis 表示对应距离项。

表 4-8 反映出，心理距离各维度对来华留学生数量影响与总体情况一致。表 4-9、表 4-10 反映出，心理距离对于发达国家的作用机制与总体一致。孔子学院的建立有助于降低地理距离、政治距离、文化距离带来的消极影响。实行学历互认有助于降低地理距离、政治距离、文化距离对发达国家来华留学生的消极影响。

第六节　主要结论与政策建议

一、研究结论

区别于已有文献关注经济因素和教育质量因素对来华留学生的影响，本书从心理距离的角度来探讨对来华留学生规模的影响问题，基于 2003～2016 年我国与其他 36 个国家的面板数据，实证研究了心理距离的核心构成维度以及各维度对来华留学规模的影响。研究结果表明，心理距离的三个二级维度：地理距离、政治距离和文化距离，均对来华留学生规模具有负面效应。

此外，本章还进一步考察设立孔子学院、建立学历互认措施的调节作用。实证发现，孔子学院、学历互认与心理距离给来华留学生带来的负面影响具有显著的积极调节作用。通过对心理距离的研究，能更好地反映孔子学院、建立学历互认措施的影响面，对政策的研究有一定的指导意义。

同时，本章对发达国家和发展中国家分别进行实证分析，结果表明，心理距离的作用机制与孔子学院、建立学历互认措施的调节作用在这两类国家中存在差异。对于发达国家而言，设立孔子学院、建立学历互认可以降低地理距离、文化距离给来华留学的消极影响。对于发展中国家而言，孔子学院的设立，能显著降低地理距离的消极影响，但是学历互认的建立对心理距离的作用机制并无显著影响。

这一研究丰富和扩展了关于来华留学规模的研究视野。

二、政策建议

（一）加快高铁出口，促进道路联通

我国要加紧高铁出口的步伐，早日实现道路联通，以便减小地理距离的阻碍，吸引和方便更多的来华留学生。以中国高铁为主的铁路出口，是中国"一带一路"倡议的核心内容之一。中国高铁价格低廉，技术顶尖，如果能够与世界各国通过谈判，达成合作，实现中国高铁出口的最高设想，建造欧亚铁路、中亚高铁、泛亚铁路以及中俄加美高铁，以中国为中心，分四个方向走向世界，那么将能够促进世界各国与中国之间的道路联通，减少地理距离给来华留学生带来的负效应。进一步说，与其他交通工具相比，高铁在价格和速度方面都具有一定的比较优势，能够在一定程度上减轻来华留学生的路费负担。此外，中国也可以出台为来华留学生提供一定路费补贴的优惠政策来吸引更多来华留学生。

（二）加强政策沟通，促进开放包容

我国要促进开放包容大环境的形成，就需要加强与世界各国的政策沟通。政策沟通是各国实现互利共赢的根本前提，也是构建友好外交关系的重要保障。想要推动合作与发展，就需要通过政策沟通和交流来寻求共识、消

除分歧、化解问题、谋求发展。

　　加强政策沟通，可以通过增加政府高层互访和洽谈次数、进一步推动国家间媒体定期互访、开展主流媒体座谈、增设友好城市等方式，使国家间的交流增加，求同存异，减小国家间的政治距离，进而增强中国在世界的友好大国形象。并且在建立良好的多边外交关系后，中国和世界各国间可以签署更多的教育合作计划、留学生计划以及国际人才培养合作计划等，从而吸引更多来华留学生。

（三）加强文化交流，促进民心相通

　　要减小来华留学生对中国的文化距离，促进中国与世界各国的民心相通，就必须要加强文化交流。孔子学院是各国学习汉语言文化、了解当代中国的重要场所，是传播中华文化的窗口之一。孔子学院为世界和中国搭建了文化、学术、科研的沟通桥梁，对中国塑造文化强国的形象有着重要作用，同时也能够减小世界各国与中国之间的文化距离。因此，我国应该进一步增加孔子学院的数量，提升孔子学院的硬件与软件的质量，注重办学质量与口碑，培养高水平专业化的教师队伍，使孔子学院更好地履行文化传播的重任。此外，孔子学院也应该因地制宜，加强与当地居民的文化互动，扩大中华文化在当地的影响力，减小文化距离。

　　学历互认也是吸引来华留学生的重要条件之一，学历互认能够为来华留学生的在华权益带来有效保障，体现来华留学的价值。我国应该加强与世界各国高等院校的合作，建立相互招生机制，尽早完善两国学历学位证件查验平台，为学历互认的签订创造更好的环境。同时，我国高等院校应该提升教学实力和口碑以及创新能力，建设一流大学和一流学科，借鉴世界名校的先进教学理念和经验，引进优质人才，提升师资力量，才能全面提升世界各国对中国教育的认可度，进而吸引更多来华留学生。

第五章

个人因素分析：留学生来华的主要动因

第一节　来华留学人才培养

2013 年，中国向世界提出了共建"一带一路"的伟大倡议构想。"一带一路"倡议通过寻求中国与沿线国家之间的利益交汇点，旨在打造政治互信、经济融合、文化包容、互联互通的利益共同体和命运共同体。"一带一路"的建设必须依靠人才、资金、技术等要素的大量投入，而人才是推动五通实施的首要决定因素。在"一带一路"建设向纵深发展的过程中，我国亟须以下类型的人才：（1）精通中国和对象国语言和文化的人才；（2）精通区域与国别研究的人才；（3）精通国际规则和涉外商务的人才；（4）了解中国国情、知华亲中的人才。我们既需要注重培养中国的对外战略型人才，也需要注重培养对象国的战略型人才。通过这些中外精英人才的对接，来共同推动"一带一路"伟大倡议的实施。而对于对象国战略型人才的培养必须依赖中国高等教育中的留学生教育，通过扩大来华留学生的教育规模，培养大量了解中国国情，知华、友华、爱华的对象国战略型人才。

2003～2016 年来华留学生人数如图 5-1 所示。

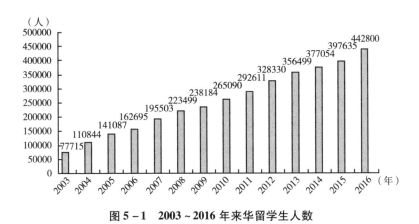

图 5 - 1　2003～2016 年来华留学生人数

第二节　相关研究与理论假设

一、来华留学意愿与计划行为理论

不可忽视的是，中国来华留学规模占世界留学市场的份额依然偏低（方宝，武毅英2016），教育服务贸易始终处于逆差状态（杨大伟等，2016）。关于来华留学的意愿文献主要集中分析不同区域差异中来华留学追求目标不同（安然，2008），认为东亚学生更多注重学术，东南亚学生更看重生活服务设施，西亚学生看重就业问题、蔡宏波等（2016）从区域出发，认为区域的经济发展水平、教育质量、教育资源和教育机会的程度差异会影响外国学生对留学区域的选择。华裔与非华裔需求差异（陈奕容，2006）、李婧（2016）根据从文化感知、文化体验以及文化理解视角来分析融入性动机、工具性动机，以及成就性动机对来华留学生的影响。认为对发展中国家而言，成就性动机对来华留学生的影响更大。宋华盛等（2014）也发现，发展中国家留学生更看重经济水平、发展潜力、科技和教育水平等因素，而发达国家留学生更看重科技水平和国内重大事件的影响（即国家稳定情况）。林航（2016）进一步发现，生源国人均收入与来华留学生数量呈"U"型关系，并且，在发展中国家新建一所孔子学院更有利于我国吸引海外留学生。

因此，很多学者也针对性地提出了相应的建议，例如，制定留学生优惠政策（邹瑞睿，2016）、优化高校的就业服务体系、校友工作等具体措施。蒙仁君（2015）认为，高校来华留学生就业服务体系可以增加对留学生的吸引力。孙建明（2016）则从留华校友工作出发，认为给予来华留学校友更多的人文关怀，可以增加留学生对中国高校声望评价。

计划行为理论是心理学研究的一个分支，行为主体通常应该是可以通过理性的整理、分析各种信息，从而决定是否实行行为的理性主体（Ajzen，1980）。因此，费希宾和阿杰恩（Fishbein and Ajzen，1975）提出，可以通过行为态度和主观规范来预测与解释行为意向的理性行为理论（TRA）。其假设前提有两个，即人的行为是可以在自己意志控制下的理性结果，以及人的实际行为是由行为意图所决定，而态度与主观规范又是影响行为意图的主要因素。

尽管 TRA 理论在多个领域进行了验证，但是阿杰恩（1985）进一步发现，个人行为并不能完全依从个人的意图，必须考虑依赖外界或他人得到资源。因此，为了弥补理性行为理论的解释力的不足，阿杰恩提出了改进的TRB 理论，增加了感知行为控制变量，将预测范围扩大到预期可控制或掌握资源和机会的能力等非理性控制的部分，增强了理论的解释力与预见性。在分析行为意向时，应注意三者的内在一致性。

目前计划行为理论已经广泛应用到关于旅游地选择（谢婷，2016）、大学生性行为、消费行为等方面。作为生源国留学生选择来华的意愿程度，留学生的来华倾向决定着来华行为产生的可能性。根据计划行为理论，本书认为，来华留学意愿受到来华主观态度和生源国外在环境的影响，因此，应用计划行为理论对来华留学意愿影响因素进行研究具有较好的预见性与适用性。

二、计划行为理论对来华留学意愿关系影响

（一）指标选取与模型建构

本书问卷对留学生进行开放式访谈基础上，根据选定的 20 个观测变量进行测量，来检测模型中四大潜在因素之间的关系。问卷答案均严格采用 5 级李克特量表进行测量。测量题目主要参考访谈后实际情况以及国内外学者

的结论基础上进行设定，共构建了 28 个题项，根据专家意见以及测量结果，应用 AMOS 软件进行信度分析与因子分析，删除了 8 因子载荷不能达标的选项。最终保留了 20 个题项。其中，来华态度有 8 个题项，来华主观规范有 4 个题项，来华感知行为控制有 5 个题项，来华行为意图有 3 个题项。通过数据主要留学生来源国分布如表 5 - 1 所示，因此，在调研时主要根据来华前十的留学生来源国进行抽样比例调查。通过纸质与网络共发放问卷 996 份，回收 776 份，有效率为 77.9%。

表 5 - 1　　　　　2011 ~ 2015 年中国十大留学生源国

排名	2011 年		2012 年		2013 年		2014 年		2015 年	
	国家	人数	国家	人数	国家	人数	国家	人数	国家	人数
1	韩国	62442	韩国	63488	韩国	63029	韩国	62923	韩国	66672
2	美国	23292	美国	24583	美国	25312	美国	24203	美国	21975
3	日本	17961	日本	21126	泰国	20106	泰国	21296	泰国	19976
4	泰国	14145	泰国	16675	日本	17226	俄罗斯	17202	印度	16694
5	越南	13549	俄罗斯	14971	俄罗斯	15918	日本	15057	俄罗斯	16197
6	俄罗斯	13340	印度尼西亚	13144	印度尼西亚	13492	印度尼西亚	13689	巴基斯坦	15654
7	印度尼西亚	10957	越南	13038	越南	12799	印度	13578	日本	14085
8	印度	9370	印度	10237	印度	11781	巴基斯坦	13360	哈萨克斯坦	13198
9	巴基斯坦	8516	巴基斯坦人	9630	哈萨克斯坦	11165	哈萨克斯坦	11764	印度尼西亚	12694
10	哈萨克斯坦	8287	哈萨克斯坦	9565	巴基斯坦	10941	法国	10729	法国	10436

资料来源：《全国来华留学生简明统计》。

　　根据计划行为理论以及文献结论，本书主要考察了来华意愿的影响因素进行验证性分析，考察变量之间的相互关系。在设计量表过程中，其中对于来华留学态度选取了内源动力、学历认可、知识获得、汉语能力等八个方面因素，选用了 8 个题项，主观规范选取了家庭教育、亲朋支持、媒体影响等四个方面因素，对感知行为控制选取了经济预算等五个方面因素；行为意图选取了主动推荐等三个因素进行测量，具体的观测变量与指标题目如表 5 – 2 所示。

表 5 – 2　　　　　　　　　　　具体观测变量与指标题目

潜变量	观测变量	指标题目	代码
态度	内源动力	对我而言，来中国学习可以让我有好的体验	a1
	新鲜尝试	来中国学习可以帮我尝试一些没有做过的事情	a2
	视野扩展	来中国学习帮助我扩展国际视野	a3
	学历认可	来中国学习可以提升学历含金量，使学历更被认可	a4
	就业机会	来中国学习可以增加的就业机会	a5
	知识来源	来中国学习，我会花时间阅读相关书籍、杂志或其他资料	a6
	知识获得	来中国学习，我会收集网站上相关资料	a7
	汉语能力	来中国学习前我会准备自己前往中国发展的能力（汉语能力）	a8
主观规范	父母影响	父母赞成我来中国留学	a9
	同学推荐	同学支持我来中国留学	a10
	媒体宣传	媒体的宣传影响我来中国留学	a11
	旅游文化	旅游资料影响我来中国留学	a12
行为控制	经济预算	我有足够的预算来中国留学	a13
	信息资讯	我有足够的资讯了解中国	a14
	英语水平	中国学校的英语教育水平影响我来中国	a15
	交通便利	交通的便利会影响我来中国的意愿	a16
	签证便利	申请签证的长短会影响我来中国留学的意愿	a17
行为意图	了解意愿	就我而言，我会愿意主动了解亲朋好友来中国留学的意愿程度	a18
	推荐优点	就我而言，我会愿意向亲朋好友介绍来中国发展的优点	a19
	推荐资讯	就我而言，我会愿意向亲朋好友推荐中国的相关网站与资讯	a20

（二）样本选取与假设提出

行为态度指行为主体对既定情境实施某一特定行为的喜爱程度的评估及其对行为整体的预期综合评价（Fishbein and Ajzen，1975），它不同于一般的态度，主要是指对特定行为的正面或者负面的明确评价，对行为本身的情绪与整体感觉。阿杰恩（1988）进一步指出，行为态度为"行为信念"与

"结果评价"的函数。即个人对人、事、物所拥有的想法、信念与观念以及个人评估该行为所产生结果对个人的重要程度。对于来华留学生而言，主要是指受访者对留学中国的主观喜好与来华后个人价值是否实现的预期评价。根据 TPB 理论，行为态度可以来预测行为主体的行为意向，态度越积极，个人采取行为的意向越大，即如果行为主体对来华语言学习与收集信息难易程度进行评价后，预期来华留学有助于其开阔视野，增加学历认可度，增加成长经验、促进社交关系、就业能力的提高，则会促进其来华意愿。因此，本书提出以下假设。

H1：来华留学生对来华的态度与其选择来华留学意愿正相关。

在 TPR 理论中，主观规范指的是个人对采取某项行为时所受的社会压力，据调查统计，特别对于大学生而言，很可能受到参考群体（父母、朋友）或团体（媒体、资讯）所给予的支持程度。根据相关的文献与调研报告，很多留学生来华主要是源于父母愿意提供资金或者同意其来华学习，或者亲戚、朋友、同学对中国有良好的印象，抑或曾经有过来华经历并感受良好，产生来中国学习的念头。也有部分来华留学生通过资料搜索或媒体信息，产生来华学习的意愿。因此，本书对于来华留学生研究主要参考两个群体，主群体与次群体。主群体主要指父母、同学、好友对受访者来中国的发展的影响；次群体主要是指报章媒体、书籍或者旅游等文化推广对于受访者来中国留学的影响。因此，本书提出以下假设。

H2：来华留学生的主观规范与其来华留学意愿正相关。

阿杰恩（2002）指出，有些事情并非可完全掌握在个人的意志控制中，可能受到机会、资源的影响。包含了个人认为自己采取行为时，对他所拥有的资源与机会的掌握程度与重要程度。感知行为控制主要反映个体过去的经验或者经历，或者预测采取某行为所可能产生的障碍，包含了个人过去的经验与对未来的预期。自我能力与便利条件会直接影响感知行为控制（Taylor and Todd，1995）。自我能力指的是个人能成功之行某项行为的信念，即对个人完成行为能力的自我认知；而便利条件指的是增强或者抑制行为的因素。例如取得资源的金钱、时间或者其他资源。对于来华留学生而言，主要分为内部与外部两方面的因素，其中内部因素主要指行为主体对自身技能知识、信息识别与获取能力所持有的信心；外部因素主要涉及行为主体对时间压力、文化适应等控制能力。TPR 理论下，认为真实的感知行为控制对于行为意愿具有显著的影响。因此，本书主要考察行为主体对成本、资源等方面的控制能力的强弱。主要分为从中国网站获取的具体信息难易程度，中国签证获取难易程度、可获取签证的时间长短，当地与中国的交通对接便利程度，个人经济预算是否充足方面进行测量。因此，本书提出以下假设。

H3：来华留学生的感知行为控制对其来华留学意愿具有正向影响。

计划行为理论认为，行为意图主要指个体从事某行为的主观概率（Fishbein and Ajzen, 1975）。本书指来华留学生，其主观认定发生的可能性。因为要观测一个人是否直接采取行动的可能性，通过行为意图进行观测。对于来华留学生而言，其来华意图的表现主要通过其主动了解来华信息、介绍来华留学，以及推荐相关信息方面表现。

第三节　结构模型分析与实证结论

结构方程模型（SEM）成为计划行为理论测量的主流范式。本书涉及的量表借鉴了国内外已有的研究成果及量表，使量表具备较好的内容效度。经过 SPSS19.0 检测，研究中的总测量量表的 Cronbach's α 值为 0.952，在 0.9 以上。说明问卷的可信度较高。同时分别对行为态度、主观规范、感知行为控制和行为意向几个维度进行了信度分析，其中，Cronbach's α 系数分别为 0.912、0.925、0.932。总相关系数（CITC）都大于 0.5，说明问卷的题目比较适合因子分析。量表的内部一致性较好。在结构效度检验中，因子载荷超过 0.5，累计方差贡献率为 85.133%，球形检验显著性 sig 值为 0.000（<0.01），表明量表具有较好的结构效度。在结构方程分析前，现对整体模型的适配度（Goodness of Fit）进行评估，确定了模型的收敛度。验证性因子结果表明：绝对适配度指数为（$x2/df = 2.46$，小于 3），GFI = 0.952（大于 0.9），近似误差方根 RMSEA 为 0.067，RMR = 0.114；相对适配度指数 NFI = 0.13，IFI = 0.649，CFI = 0.654；简约适配度指数 PGFI = 0.653（大于 0.5）。具体如图 5 - 2 所示。

计算得到本书的路径分析模型，分析结果显示最终拟合指数，如表 5 - 3 所示。

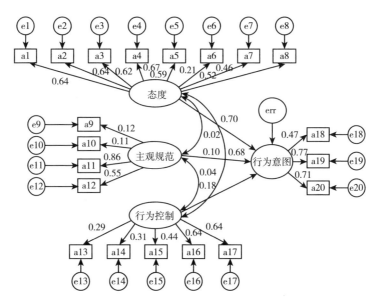

图 5 – 2　结构方程模型的路径分析模型（最大似然参数估计，N = 776）

表 5 – 3　　　　　　　　　　结构模型的参数估计和假设检验

假设	作用路径	标准化路径系数	t 值	假设检验结果
H1	来华留学的行为态度—来华留学意愿	0.70 ***	1.792	成立
H2	来华留学的主观规范—来华留学意愿	0.68 ***	6.78	成立
H3	来华留学的感知行为控制—其来华留学意愿	0.18 ***	4.684	成立

注：***表示在1%的置信水平上显著。

第四节　结论与展望

　　本书基于计划行为理论来分析来华留学生意愿的影响机制，希望对来华留学生选择来华行为进行解释与预测。

　　第一，结果表明，来华留学的行为态度、主观规范与感知行为控制对来华留学意愿均具有显著的影响。其中，来华留学的行为态度影响最大，主观规范次之，感知行为控制最小。首先，对于来华留学的行为态度来说，留学生对中国的喜爱程度与预期对是否来华留学影响最大；其次，来华的学历认可与汉语水平以及是否能提供就业的影响因素分别从大到小排列。这个结果可知，如果想提高留学生来华意愿，应该更加注重提高中国高校的相关宣传度，如果可以提高对我国文化认同以及学历认同的程度，那么他们将会产生更多的意愿来华。经过进一步访谈部分国家留学生代表，他们对于课程设计与学历方面提出了相应的建议。

我在这里学习医学，有些课程在印度需要学一年，在这里学三个月就学完了。但是课程时间太短了，我没有学到和印度一样多的东西。——印度留学生

我觉得这里的生活很好，但是要吸引留学生来这里上学最重要的是要提供工作机会，中国的工作签证非常难拿，如果解决了这一点，一定会有更多的人来这里。——越南留学生

我希望可以在中国找到工作，如果能找到就留下来，如果找不到就只能回国。——叙利亚留学生

虽然，目前我国与 43 个国家和地区签署了学历学位互认协议。在 2017 年 2 月教育部印发的《教育部 2017 年工作要点》中，政府表示将构建教育对外开放新格局，实现"一带一路"沿线国家国别和区域研究全覆盖。与有关"一带一路"沿线国家新签订 10 个学历学位互认协议。例如中国教育部与俄罗斯等国教育部门签署教育领域合作文件，与塞浦路斯签署相互承认高等教育学历和学位协议，与沿线国家建立音乐教育联盟。因此，如果要扩大来华留学规模，需要进一步地落实相关政策。

就业方面，2017 年 2 月，三部委联合印发《关于允许优秀外籍高校毕业生在华就业有关事项的通知》，部分符合条件的优秀外籍高校毕业生无须工作经历即可在华就业。这一举措对于吸引更多留学生来华提供了新途径。

第二，主观规范中，旅游宣传与国内媒体对中国的宣传对来华留学意愿具有重要影响作用。在对生源国的招生宣传方式调查发现（见图 5 - 3），来华留学生申请来华的渠道主要包括三种：学校官网直接申请、校际交流、中介机构申请。其中，校际交流和通过就读学校申请是重要的两种申请方式，说明我国高校的网站宣传方式发挥作用较小，随着网络招生的飞速发展，建议高校首先需要重视通过海外的电视、网站、杂志、广播等媒体加强宣传；其次可以通过拍摄宣传片等方式突出各校招生特色；再其次通过编录一些出行指南、美食指南、中国交流论坛集，本校生活学习注意事项等资料，翻译

成各种语言版本进行宣传；最后通过建立留学"向导"组织、留学生校友组织等开展相应服务工作，树立留学品牌。

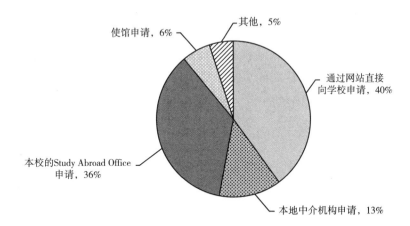

图 5 - 3　来华留学生申请方式调查

第三，在感知行为控制中，高校的知名度、来华费用、教学水平、交通因素以及签证问题会直接影响来华意愿。其考虑因素重要程度分别为学校知名度与排名、交通因素、教学质量、经济费用等，大部分来华留学生表示，申请签证的等待时间会影响他们选择是否来华留学。因此，建议高校的英语水平教学需要进一步改善，以及在签证方面有所完善。对于来华留学的奖学金方面，资助人数与幅度如图 5 - 4 所示。

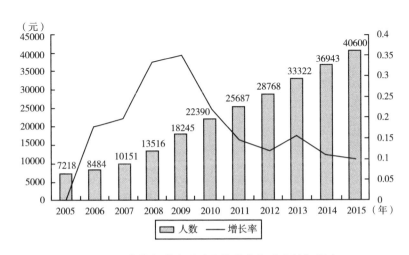

图 5 - 4　来华留学中国政府奖学金资助人数与幅度

在奖学金方面，统计显示，2015 年有来自 182 个国家的 40600 人享受中国政府奖学金在华学习，占来华生总数的 10.21%。纵观 10 年里，中国政府奖学金对来华留学的引领作用持续显现，青海、宁夏、贵州、云南、江西、四川和广西等中西部地区和边境省份的留学生规模显著扩大，奖学金对周边国家生源的拉动作用明显（注：所有数据均不含中国港、澳、台地区）。教育部于 2016 年 8 月 11 日发布《推进共建"一带一路"教育行动》，提出将设立"丝绸之路"中国政府奖学金。这一举措应推动来华留学生规模的增长。

第六章

来华留学服务对中国出口贸易的影响分析

　　随着经济全球化进程的加快，中国致力于推动国际间各领域多层次的交流合作。"一带一路"倡议推行后，我国积极打造政策联通、设施互通、贸易畅通、资金融通、民心相通的利益共同体，致力于实现区域经济乃至全球经济的共同发展。在当今贸易保护主义抬头的趋势下，"一带一路"倡议以六大经济走廊为载体，构建新的贸易投资格局和合作交流形式，倡议的不断纵深发展为中国的对外开放工作创造了新契机，是实现区域经济互利共赢的伟大创举。2013～2019 年，中国与"一带一路"沿线国家货物贸易累计总额超 7.9 万亿美元，对其直接投资总额超 1 万亿美元，且货物贸易增速与投资增速皆呈上升趋势。2019 年中国与"一带一路"沿线国家的进出口贸易额达到 1.35 万亿美元，约占当年中国进出口总额的 30%，沿线国家已成为中国对外投资与贸易的重要伙伴国。从出口商品的贸易结构来看，随着"中国智造"的提出，我国出口商品的附加值稳步上升。2013～2018 年，中国对"一带一路"沿线国家出口商品中资本品的出口额逐年提升，占比从 18% 上升到 25%，而消费品的出口额有所下滑，由此可见出口结构的优化。与此同时，中国与"一带一路"沿线国家在文化教育上的交流也越来越密切。2019 年中国也成为亚洲第一大留学目的国，其中，"一带一路"沿线国家的留学生更是来华留学的主力军。

　　为加快民心互通工程的建设，以使民心互通带动贸易畅通，实现"教育外交"。教育服务贸易作为新的经济增长点，日渐成为各国经济部署的重要战略之一。根据服务贸易总协定（GATS）的划分，教育服务贸易可分为四种方式：跨境交付、境外消费、商业存在、自然人流动。国际学生流动作为境外消费的表现形式，占据绝对主体地位，构成90%以上的经济份额。

2019年，中国成为全球第四大留学生目的国，来华留学生总规模达48.9万人次，但总体质量不高，学历生占比仅为52.4%。我国来华留学教育服务贸易起步较晚，相较于美国（109万人次）、澳大利亚（55.6万人次）、加拿大（49.4万人次）等教育资源大国，来华留学生带来的直接经济效益并不明显，而且教育服务贸易存在巨额逆差。虽然来华留学生带来的直接经济效益并不显眼，但在间接经济效益上，来华留学生不仅是重要的人才要素，更是关键的经济资源和政治资源。作为国际人才流动的重要组成部分和主要体现形式，来华留学生充当了知识的载体，有利于技术的国际间扩散，其形成的社会网络有助于我国政治、文化和价值观输出，降低贸易违约成本和交易壁垒，从而间接地创造就业岗位，促进经济发展。因此，我国高度重视作为双边联结纽带的留学生团体，坚持教育对外开放不动摇，积极鼓励来华留学，以期教育互通带动文化互通和民心相通，促进贸易畅通。

已有研究认为，社会网络关系在国际贸易投资领域发挥着重要的渠道引导作用。跨越国界的国际人才流动所形成的社会网络关系，能降低非正式的贸易交易壁垒，从而促进国际贸易的发展。中外教育文化上的交流，例如开设孔子学院也能增加政治互信，有效传递社会经济信息，降低国家间贸易活动的交易成本。本章将对来华留学教育形成的社会网络关系对我国与生源国之间的贸易活动产生的影响展开相关研究。

第一节　相关文献研究

一、来华留学教育相关文献研究

现今许多国家对于完全开放教育市场仍然持谨慎态度，因此，国际学生流动即跨境消费方式仍是全球教育服务贸易最主要的形式（刘志国，2004；陆菁等，2019）。20世纪以来，随着国际教育和留学潮的兴起，澳大利亚、美国等教育资源大国更加注重引导推进教育行业的产业化发展，以实现出口创汇。但与西方国家相比，我国的来华留学事业起步较晚，来华留学工作主要服务于政治和外交需要。直到加入世界贸易组织后，我国才逐步开放部分教育服务，确定留学教育的产业地位（李航敏，2018），并制定来华留学和国际教育权责等相关制度。

近年来，随着来华留学规模和结构的优化，许多学者开始就我国来华留学事业的发展现状、特点、影响因素和存在问题等进行了探讨。王立勇、马光明（2019）等学者回顾了我国来华留学事业的发展历程，指出来华留学生规模和结构不断优化，伴随着中外合作办学、网络远程教育等多种贸易形式并存的发展现状，并研究了来华留学教育给中国带来的经济效益，以数据证明 2005～2018 年中国教育服务贸易逆差额不断扩大的事实。从来华留学的规模及结构而言，韩丽丽（2017）和唐佳璐（2019）等学者对近 20 年的来华留学数据进行跟踪发现，"一带一路"沿线国家学生已经成为来华留学的主要群体，其中，学历生的占比在上升而非学历生的占比在下降，而且学历生中硕士、博士研究生的占比逐年提高，这说明，来华留学生规模扩大的同时也伴随着结构质量的优化。从来华留学的影响因素来看，姚想想（2013）、宋华盛（2014）和陆菁（2019）等学者基于推拉理论、贸易引力模型证明，中国的经济规模和发展潜力、生源国的经济实力、中国与生源国的经贸关系、两国间人均 GDP 差距等经济因素能推动来华留学生规模增长，而地理距离和文化差异则起显著的抑制作用。在传统影响因素的基础上，陈飞宇（2018）和魏浩等（2018）把是否签署教育合作政策及学位互认协议、中国政府奖学金支持等制度因素纳入分析框架，表明留学激励政策是来华留学的重要诱因。袁清（2019）则把"一带一路"倡议的提出作为另一个重要的正式制度因素，利用 2013 年前后来华留学生数据对比说明了倡议的提出对沿线国家学生选择来华留学具有额外的吸引力。

随着中国在国际经济体系中话语权的提高，以及来华留学教育与其他国家相比更为低廉的学杂费支出，越来越多的国际留学生选择中国为留学目的地，来华留学生规模的扩大也直接或间接地为中国创造了经济社会效益。从直接经济效益来看，留学生在华期间，衣食住行等都会产生消费，拉动内需，这部分费用就形成我国的出口创汇。一些学者根据教育部公布的《自费来华留学生收费标准》和预估的生活费等支出，测算了接收国际学生来华留学的直接收益，并指出中国的教育服务贸易仍有较大的出口潜力，来华留学市场尚未饱和，亟待进一步拓宽（Anne Tom Wong，2019；王立勇，2019）。

学者王建梁（2015）认为，除了基本的学费及生活费收入外，来华留学教育也能在一定程度上带动国内旅游经济活动的开展。留学生在华期间，在学习之余，也会通过旅游、社交等活动来加深对中国社会文化的了解，从而拉动我国内需，增加就业岗位，促进旅游业和相关服务业的收入提升。从间接经济效益来看，来华留学教育能作用于投资、对外贸易和人力资本等方面。国际学生来华留学能拉动国内消费，建立一定的商业信任，传递准确的市场信息，从而鼓励外国企业来华投资和相互间贸易往来，作用于促进中国经济增长的"三驾马车"（吕娜，2015）。从人力资本提升的角度来看，留学生本身就是国际人才的典型代表，其在国际间流动能够促进专业理论和科学技术等的传播，实现知识外溢和技术外溢，从而提升生产效率。

在政治方面，留学教育往往被视为两国友好政治关系的一项前端投资（哈巍，2019）。来华留学生回到他们母国后，也会表现出倾向性的政治立场，宣传中国的正面形象，维护两国友好关系，促进区域安全与稳定（郭玉贵，2012）。学者周谷平（2018）提出"教育外交"的概念，认为要布局教育外交，增强他国人民对中国文化的了解，使其认同中国主流价值观念，降低国家间矛盾冲突。从文化交流层面来看，开展来华留学教育服务有利于外国学生更直观深入地领会中国的智慧，使其充当文化交流与传播的使者，发挥文化"巧实力"，实现"教育外交"（马知遥，2020）。

二、出口贸易的影响因素相关文献研究

国内外关于出口贸易影响因素的文献较为丰富，其中，引力模型是研究国际贸易流量问题的重要工具，最早是由安德森（Anderson）提出。贸易引力模型的主要观点是，两国间的贸易总额与两个国家各自的国内生产总值成正比，与两国间地理距离成反比。国内已经有许多学者利用中外贸易数据验证了引力模型，他们通过实证研究表明，两国各自的 GDP 对出口贸易产生显著的正向影响，地理距离会产生显著的负向影响（吕露杨，2018；陈晔，2020）。在传统贸易引力模型的基础上，一些学者对其进行扩展，引进重要相关变量，从而延伸出随机前沿引力模型。张乃丽（2016）和廖佳（2021）等学者基于引力模型，分析中国对"一带一路"沿线国家出口贸易的影响因素，发现出口贸易受经济、关税、人口和地理等多方面因素影响。从经济角

度来看，进口国的经济发展水平、经济自由度指数越高，会促进贸易活动的发生（康继军，2019）。考虑两国汇率变化，曹伟等（2016）以"一带一路"沿线国家为研究对象，发现人民币升值会阻碍出口贸易的增加，当期和滞后一期的贬值则都会促进出口贸易的增加。从距离角度来看，地理距离对出口贸易一直呈负向作用；而文化距离对中国与主要发展中国家的出口贸易成"U"形作用关系（张婧妍，2019）。

除了贸易引力模型，国内外关于出口贸易影响因素的理论也很丰富，从古典学派的绝对优势理论和比较优势理论，到新古典学派提出的要素禀赋理论，再到贸易保护理论提出后的国家竞争优势理论等，都对贸易产生的原因和影响因素进行了阐述。部分学者从要素禀赋角度出发，研究自然资源禀赋对中国出口贸易的影响。人口规模代表着一国的劳动力资源禀赋，李冬梅和张巧玲（2018）发现，一国人口数量越多，对中国产品的需求量更大，因为人口多寡在一定程度上意味着产品市场的大小。考虑两国间自然资源充裕度的不同，学者黄莉芬（2020）验证了产业梯度适宜度指标和贸易互补指数对我国中间产品出口贸易的促进作用。根据国家竞争优势理论，政府作为辅助因素起到的作用也不可忽视。政府主导签订自由贸易协定能够增强该国商品出口的竞争力，因为这意味着签约国双方自愿降低关税水平，是在政策制度层面对自由贸易的鼓励和推进，因此，有些学者把是否签订自由贸易协定作为影响因素之一纳入研究框架中。许亚云等（2020）认为，高水平的自贸协定能够促进贸易流量的增加，协定深度的提升也会促进区域价值链合作（彭冬冬、林珏，2021）。为了增强贸易模型的解释力，也有学者们补充讨论了经济政策因素对贸易规模的影响。从国家宏观经济层面考虑，张晓静（2015）和智慧（2020）发现，贸易便利化水平提高对中国出口贸易有正向作用。杨德云和邢梦昆（2019）研究发现，无论是经济政策不确定性，还是贸易政策不确定性，都会显著抑制贸易的增长。

制度学派拓展了传统贸易理论的解释框架，诺斯（North，1990）将制度分为正式制度和非正式制度。郭平（2015）和王珏等（2019）基于正式制度角度，发现双边政治关系距离与出口贸易呈负向作用，双边政治关系改善的出口促进效应在不同所有制企业、不同出口目的国、不同类型出口产品间也存在差异性。研究正式制度影响进出口贸易的相关文献较多，但在当前经济环境下，我们更应该关注到非正式制度对贸易壁垒的降低作用。陈和平

（2016）和张婧妍（2019）提出，发展中国家往往存在正式制度缺位的情况，因而在考察发展中国家参与的国际贸易活动时，应更为重视包括文化在内的非正式制度的作用。作为非正式制度的一部分，教育文化对贸易的影响不言而喻。在传统影响因素的基础上，塔德斯和怀特（Tadesse and White，2010）的研究增加了文化变量，认为文化差异会对商品贸易产生显著影响。中国学者康继军和张梦珂、黎静（2019）从文化与贸易互动视角，发现建立孔子学院具有促进中国向"一带一路"沿线国家出口贸易的作用，而且这种作用不仅存在于孔子学院所在国，还会对其邻国产生一定溢出作用。肖霞（2015）的研究则从反面论证，发现文化距离对一般货物贸易起到抑制作用，这是因为文化差距过大会引起交易成本上升，进而抑制商品出口。

三、来华留学教育影响出口贸易相关文献研究

国外学者对于国际留学生的研究多是从国际人才流动的视角出发的。跨国流动的"国际人才"主要包括学生、学术工作者和科学家、管理者和行政人员、工程师和技术人员以及企业家五大类（Sami Mahroum，2000），其中，学生这一类型人才是重要组成部分，而其他类型人才的数据较难统计，因此，许多学者都把国际留学生作为国际人才流动的典型代表。埃垃尔等（Ehrhart et al.，2012）基于 1980～2010 年非洲的数据，在控制了异方差、零值贸易和内生性之后，发现非洲人力资本流出（包括留学生和国际移民）对非洲的出口起着正向促进作用。该文认为，这种促进作用是由于社会网络能够传播商业信息，弥补契约制度的不足，从而带动非洲产品出口的增加。穆拉特（Murat，2014）基于 1999～2009 年英国与 167 个生源国的留学生和贸易数据，发现赴英留学生的增长能带动英国进出口贸易的增长。帕森斯和皮埃尔（Parsons，C. and Pierre，L. V.，2018）的研究发现，越南人海外网络会显著促进美国对越贸易，通过数据分析得知越南移民的回归系数约为0.2，这说明，越南人形成的社会网络能够减少美国对越南出口贸易中的信息壁垒。

来华留学事业作为中国对外文化交流的重要体现，不仅具有传播中华文化及价值观的意义，还兼有加深政治互信、增强贸易联系的功能。郭玉贵（2012）指出，吸引美国留学生来华有助于直接增加中国的经济收益，实现

出口创汇，提供复合型国际人才，还可为中国企业"走出去"开拓海外市场。基于"一带一路"视角，谷媛媛和邱斌（2017）的研究证明，"一带一路"沿线国家来华留学生能够显著地促进中国对生源国进行直接投资，促使两国经济实现合作共赢。蔡文伯和闫佳丽（2020）运用 PVAR 模型，对来华留学生规模和中国 OFDI 进行检验，发现两者具有相互作用关系，且 OFDI 处于强势地位。

与本书更为密切的文献是对来华留学教育与出口贸易的直接相关研究。袁清（2019）梳理了 1999~2016 年来华留学生的规模结构和中国与"一带一路"沿线国家间的经贸数据，发现来华留学生与双边贸易两者互为格兰杰原因，并通过双向固定效应模型证明来华留学生规模对两国进出口贸易均呈显著的正向促进作用。王祥如（2019）也以"一带一路"沿线国家为研究对象，发现偏好扩散效应是留学生影响中国出口的主要途径，引进高层次来华留学生有助于促进中国高新技术产业出口规模增长。芦林堃（2020）从降低我国出口贸易成本及风险、解决对外经贸人才缺失问题两个方面阐述了发展来华留学教育对出口贸易的促进作用，并利用 2003~2016 年的跨国面板数据进行了验证。在前人研究的基础上，哈巍（2020）的研究范围拓宽到中国与 178 个国家的数据，他发现，相较于奖学金项目，自费来华留学生对我国出口贸易的促进作用更为明显，中低收入国家的来华留学生促进作用也更强，主要生源国来华留学生的贸易促进作用也强于非主要生源国来华留学生。魏浩（2020）基于以往的研究，选取中国对 OECD 国家的消费品出口作为研究对象，并按照技术含量分为高、中、低技术消费品三大类，魏浩的研究发现，以留学生为代表的国际人才流入能够带动中低技术消费品出口规模的增长，但对高技术消费品的影响则不显著。

些学者也把研究范围从国家层面细化到省级层面。魏浩和陈开军（2015）将来华留学生作为国际人才流入的代表，从交易成本、信息获取和契约履行三个方面分析了人才流入引发的贸易扩张和创造，并且基于我国 29 个省份 2001~2011 年的出口贸易额数据进行实证检验，研究发现，国际人才流入带来的贸易促进作用存在地区异质性，对我国中部地区的促进作用大于对东、西部地区的促进作用，另外，这种促进作用在一般贸易出口上更为明显，在加工贸易出口上则不显著。张朋（2018）基于 2003~2014 年我国 27 个省份的面板数据，将这些省份划分为沿海地区和内陆地区，通过实证分析得到国际人才流入对我国沿海地区的促进作用大于对内陆地区的促进作用、对一般贸易出口的促进作用大于对加工贸易出口的促进作用以及对高技术产品出口促进作用较强的结论。陈东阳和哈巍（2021）在已有文献的基础上，采用控制了省份和年份的双向固定效应模型，发现来华留学生群体对出口方向的积极影响要强于进口方向，并且他们还区分了来华留学生的学历层次，发现非学历生对进出口贸易的影响要强于学历生的影响。

四、文献评述与创新点

虽然目前国内关于研究中国出口贸易影响因素的文献较多，但聚焦于教育文化领域的较少，国际学生流动所形成的社会网络关系带来的贸易促进效应也一直被忽略。随着中国成为亚洲第一大留学目的国，来华留学生规模与日俱增，他们带来的影响也不可忽视。开展来华留学事业既能直接促进来华消费，实现出口创汇，也会间接带来各种经济社会效益，例如对外投资和开放贸易，最终促进人力资本的积累和经济增长。但同为开放经济的重要一环，已有文献大多聚焦于来华留学生对中国对外投资的影响，较少关注对中国出口贸易的影响。研究来华留学教育影响出口贸易的文献也集中在省际层面，笼统地将该省来华留学生人数与出口贸易总额进行回归，而不是将来华留学生与中国出口生源国贸易额两者一一对应进行回归，故而不够准确。

本章的研究将从现状分析、影响机制和实证检验三个方面展开，首先结合近年数据对来华留学教育发展历程及现状、中国出口贸易发展现状进行分析；其次结合魏浩（2015）和袁清（2019）等学者的已有研究，运用人力资本理论、交易成本理论和社会网络理论阐述来华留学教育影响中国出口贸易的作用机制；最后运用现实数据进行实证检验。本书将按照王祥如（2019）和芦林堃（2020）等学者的做法，选取"一带一路"沿线65个国家，运用2003～2018年共16年的跨国面板数据进行实证研究。与既有文献相比，本书尝试从以下三个方面丰富和拓展：首先运用中国与"一带一路"沿线65个国家的最新贸易数据，从规模和质量两个方面全面分析来华留学教育对中国出口贸易的影响作用；其次参考魏浩（2020）的做法，将出口商品按照联合国BEC分类标准分为资本品、消费品和中间产品，根据产品的异质性分别考察来华留学教育对这三类产品出口贸易的影响；最后区分"一带一路"倡议签订前后，从规模和质量两个方面验证来华留学教育对出口贸易的促进效应是否有所区别。

第二节　中国出口贸易特征

一、中国出口贸易规模特征分析

21世纪以来，特别是在我国加入世界贸易组织之后，对外贸易发展迅猛。"出口、投资、消费"被誉为拉动经济增长的"三驾马车"，在2008年金融危机前，出口尤为受到重视，出口贸易呈现高速增长状态，2004~2011年，我国出口贸易年均同比增速维持在20%左右。金融危机后，随着世界经济的调整和出口贸易总量基数的庞大，中国出口贸易出现增速放缓的现象，2012~2018年每年同比增速降低到10%以下。从总体规模来看，中国出口贸易总额从2004年的5933亿美元上升到2018年的24942亿美元，15年内翻了两番，总体呈上升趋势。

"一带一路"沿线国家和地区涵括全世界超60%的人口，占全球生产总值和贸易的1/3以上，具备广阔的市场空间。为了巩固扩展国外市场，我国积极优化营商环境，推动市场有序开放，提高贸易便利化水平。2013~2019年，中国与沿线国家货物贸易累计总额超过了7.8万亿美元。2019年，中国与"一带一路"合作文件的国家货物贸易总额达1.9万亿美元，占中国对外货物贸易总额的41.5%。"一带一路"沿线国家历来都是我国对外经贸的重要合作对象。近15年来，中国对"一带一路"沿线国家的出口贸易规模呈上升趋势，除个别年份（2009年、2015年和2016年）受整体经济大环境影响贸易额有所下滑外。从增长速度来看，如图6-1数据显示，2011年起，中国对沿线国家出口贸易额增速有所减缓，这并不代表着中国将会缩减与"一带一路"沿线国家的经贸合作，恰恰相反，这是中国调整升级出口贸易结构的结果。图6-1也显示了15年来对"一带一路"沿线国家出口贸易占中国整体出口贸易的变化情况，2004~2013年一直呈递增状态，"一带一路"倡议提出后，这个比重突破30%，近年来一直维持在34%左右，由此可见，我国与"一带一路"沿线国家经贸合作关系的稳定，贸易密切程度逐年上升，在我国外向经济发展过程中占据重要战略地位。

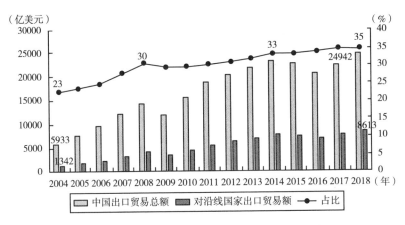

图 6 - 1　2004～2018 年中国出口贸易规模和对

"一带一路"沿线国家出口贸易规模变化

资料来源：根据 UN Comtrade 数据库数据整理得到，https：//comtrade.un.org/

二、中国出口"一带一路"沿线国家的地区结构分析

中国与"一带一路"沿线各国的贸易合作状况差异明显。从出口来看，中国对"一带一路"沿线国家的出口贸易额持续增长。其中，中国出口总额最高的交易国是越南，为 980 亿美元，最低的是不丹，仅为 0.11亿美元，贸易数据差距十分明显。从图 6 - 2 我们可以看到，2019 年在"一带一路"沿线国家中，中国的前十大出口国分别为越南、印度、新加坡、马来西亚、俄罗斯、印度尼西亚、泰国、菲律宾、阿联酋和沙特阿拉伯，对这十个国家的出口总额为 5 198 亿美元，占当年中国对"一带一路"沿线国家出口份额的 67.43%，占比超过 1/2。与 2009 年相比，有九个贸易伙伴国的合作关系保持不变，仅在贸易体量上发生改变，说明中国与"一带一路"沿线几个主要参与国的经贸合作较为稳定，双边联系较为密切，这也有助于进一步推动在投资等其他领域的合作。但是中国对"一带一路"沿线其他国家的出口份额变化波动较大。2019 年中国出口增速前三的贸易伙伴分别是塔吉克斯坦、白俄罗斯、也门，增速分别为

112.25%、55.21%、50.33%，出口降幅较大的国家有文莱、黑山、伊朗等，其降幅分别为59.34%、36.22%、31.41%。

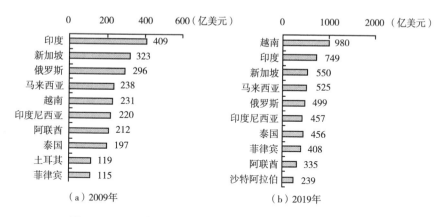

图6－2 2009年和2019年中国出口"一带一路"沿线国家前十大贸易出口伙伴国对比

资料来源：笔者根据 UN Comtrade 数据库数据整理得到，https：//comtrade. un. org/

　　按照国家信息中心的划分方式，将"一带一路"沿线国家按地理位置划分为五个地区，分别为东南亚、南亚、中亚、西亚北非、中东欧地区，详见附录A。从区分"一带一路"沿线国家所处的区域来看，2003～2019 年，东南亚地区为我国与"一带一路"沿线国家的贸易主体。首先是东南亚地区，共包含 10 个"一带一路"沿线国家，它占中国对"一带一路"沿线国家出口贸易总额的比例最高，并且呈上升趋势，16 年上升了 5 个百分点，2019 年占比达 37%。其次是西亚北非地区，包含 20 个"一带一路"沿线国家，2019 年占比为 14%，近 10 年来占比呈波动下滑趋势。再其次是中东欧地区，包含 21 个沿线国家，2019 年占比为 13%，也略有下滑；南亚地区的 8 个"一带一路"沿线国家占比在 12%～14%。最后是中亚地区最少，占比保持在 3%。由数据可见，我国对"一带一路"沿线国家的出口贸易活动表现为总体稳定的特征，但地区分布上差异明显，如表 6－1 所示。东南亚地区之所以是中国在"一带一路"沿线区域的最大贸易伙伴，原因有多方面：第一，地理毗邻，中国与东南亚地区水路陆路交通便捷，而且海运费用较低，因而运输成本较低，更容易促进双边贸易；第二，中国与东南亚地区同属亚洲文化圈，文化差异较小，历史上友好往来较为频繁，因而更容易开展经贸合作。

表 6 – 1 2003～2019 年我国出口"一带一路"沿线国家贸易总额的地区分布

年份	东南亚（亿美元）	占比（%）	南亚（亿美元）	占比（%）	中亚（亿美元）	占比（%）	西亚、北非（亿美元）	占比（%）	中东欧（亿美元）	占比（%）
2019	3602.83	37	1149.68	12	280.37	3	1386.52	14	1289.59	13
2018	3206.58	37	1180.3	14	216.32	3	1290.93	15	1219.18	14
2017	2795.02	36	1073.6	14	200.23	3	1280.82	16	1029.6	13
2016	2560.01	36	958.4	14	163.06	2	1247.61	18	905.02	13
2015	2772.91	37	942.44	12	182.76	2	1427.44	19	847.58	11
2014	2720.46	35	858.29	11	243.91	3	1500.46	19	1077.07	14
2013	2440.4	35	752.48	11	240.5	3	1259.4	18	1019.88	15
2012	2042.74	32	704.5	12	218.44	3	1124.51	18	946.1	15
2011	1700.76	30	713.01	12	189.51	3	1055.01	18	907.76	16
2010	1381.6	30	576.07	12	157.42	3	832.13	18	744.68	16
2009	1062.97	30	418.59	12	144.66	4	665.38	19	511.45	14
2008	1143.17	26	443.9	10	161.18	4	774.75	18	771.28	18
2007	947.17	28	352.08	10	108.24	3	606.79	18	629.28	19
2006	713.11	29	233.93	10	70.36	3	406.46	17	432.21	16
2005	553.67	31	159.61	9	55.12	3	289.35	16	284.92	16
2004	428.99	32	112.31	8	33.78	3	215.12	16	206.69	15
2003	309.27	32	71.91	7	24.38	3	167.09	17	149.43	15

资料来源：笔者根据 UN Comtrade 数据库数据整理得到，https：//comtrade.un.org/

三、中国出口"一带一路"沿线国家的商品结构分析

近年来，我国致力于推动出口贸易结构和产品国际竞争力的提升，加快货物贸易转型升级，促进外贸增长，加入贸易强国队列。"十三五"时期，商务部提出要推动出口格局由以消费品为主转为以资本品和消费品并重的对外贸易规划，巩固提高中国制造业企业的出口竞争能力。进入"十四五"时期，继续提高我国出口产品的竞争力仍是主要目标，因此，要通过推动传统产业进行创新，打造自有品牌，提升中高端技术产品的出口比例，稳外贸、促增长。

广义经济分类（broad economic classification，BEC）按最终用途和经济

类别将货物分类，再最终归纳到国民经济核算体系（SNA）下三大基本门类中，分别是资本品、中间产品、消费品。在国际贸易研究领域，BEC 分类对于研究不同产品类别进出口的经济效应具有重要意义。本书根据联合国统计委员会 2002 年制定的第四版 BEC 分类体系，给出的分类细则，手动整理了近 17 年的出口贸易数据，以研究对比中国出口商品结构的变化情况。从图 6 - 3 可以看出，中间产品一直是我国对沿线国家出口商品的主要大类，占比在 50% 左右，2018 年达到 55%。随着新兴市场经济的快速增长，技术含量较高的中间品出口增多。"一带一路"沿线国家多为发展中国家，发展模式以承接他国技术含量低的产品生产为主，所以是实现我国产业链条延伸的重要合作伙伴，因此，有学者认为，中间品贸易未来将成为中国与"一带一路"沿线国家合作交流的沟通桥梁和重要纽带（王雁斌等，2018）。在与"一带一路"沿线国家的外交活动中，中国领导人多次推介具有高附加值、高技术含量的产品出口，由此带来的技术溢出效应也可提升沿线国家消费层次，促进产业升级。2003～2008 年，我国资本品的出口份额提高了 9 个百分点，2013 年"一带一路"倡议提出后，资本品的占比也稳定在 25% 左右，占据我国对沿线国家出口商品总额的 1/4。消费品所占的份额呈波动下降趋势，15 年间缩减了 13%，原因可能是"一带一路"沿线国家因廉价的劳动力和土地资源，吸引了技术含量较低的消费品行业转移，从而降低了对消费品的进口需求。

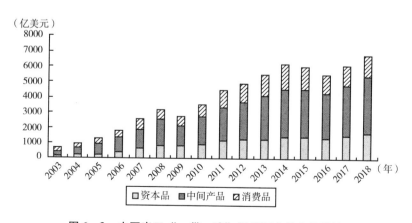

图 6 - 3　中国出口"一带一路"沿线国家的商品结构

资料来源：根据 UN Comtrade 数据库数据整理得到，https：//comtrade. un. org/

四、来华留学教育与中国出口贸易两者关系探究

2018 年来华留学生总数达 49.2 万人，其中，"一带一路"沿线经济体的来华留学生占比超过 1/2，成为来华留学的中坚力量。"一带一路"倡议的政策鼓励大大促进了中国与沿线国家的文化互通，增进了双方的了解，缩减文化差异从而推动国际经贸的深层次合作。因此，发展"留学经济"能促成我国与他国文化科教领域的友好互动，发挥人才流动带来的知识溢出效应和社会网络效应，进而辐射带动其他产业和经济领域的互联互通，促进中国出口贸易规模和质量的双提升。

从表 6-2 可以看出，2018 年在"一带一路"沿线国家中，前十大出口贸易伙伴国中，有五个国家同时也是前十大来华留学生源国。由此可见，中国与"一带一路"沿线国家在文化教育上的交流合作会增加文化互信和相互了解，从而对国际间的经济贸易起一定促进作用。因此，发展来华留学教育是文化互通的重要一环，也是经济合作的重要推动力。

表 6-2 　　　　2018 年"一带一路"沿线国家中前十大来华留学生源国与出口贸易伙伴国比对

排名	来华留学前十大生源国	来华留学总人数（人）	中国出口贸易前十大伙伴国	出口贸易额（亿美元）
1	泰国	28608	越南	840.16
2	巴基斯坦	28023	印度	768.81
3	印度	23198	新加坡	498.18
4	俄罗斯	19239	俄罗斯	480.05
5	印度尼西亚	15050	马来西亚	458.48
6	老挝	14645	印度尼西亚	432.46
7	哈萨克斯坦	11784	泰国	429.74
8	越南	11299	菲律宾	351.11
9	孟加拉国	10735	阿联酋	299.03
10	蒙古国	10158	波兰	209.44

注：标注下划线的国家既是前十大生源国，也是前十大贸易伙伴国。

资料来源：教育部国际合作与交流司编写的 2018 年《来华留学生简明统计》以及 UN Comtrade 数据库，https://comtrade.un.org/

第三节 影响机制及研究假设

一、影响机制

国际贸易中普遍存在多种贸易壁垒，阻碍了贸易全球化的深度推进。迪尔多夫等（Deardorff et al.，1998）将贸易壁垒分为正式壁垒和非正式壁垒。正式壁垒是在国别层面由法律程序直接规定的，实施主体明确，因而可以通过谈判等方式加以解决，影响效果明确。与正式壁垒不同，非正式贸易壁垒往往不具备官方性质，而是自发形成的，实施主体具有社会性（夏良康，2013）。非正式贸易壁垒的影响范围广泛，对出口商品乃至产业的累积影响较大，并且可能在不同产品间出现扩散现象。非正式壁垒主要源于政治、社会和文化制度，主要包括合约执行不力、贸易信息不充分以及语言文化壁垒等。来华留学生作为跨国流动的高素质人才，其形成的社会网络能够打破语言文化壁垒，传递商业信息，降低事前事后的交易成本，并对交易双方形成软约束，减少违约行为的发生（谷媛媛，2016；陈武元，2020）。因此，通过对相关文献的梳理归纳，本章从人力资本理论、交易成本理论、社会网络理论出发，阐述来华留学教育影响中国出口贸易的三个途径：人力资本积累、降低交易成本以及保证交易履约（见图 6-4）。

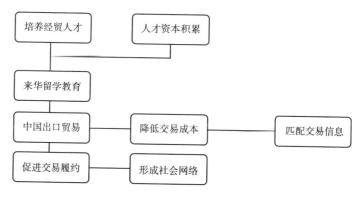

图 6-4 来华留学教育影响中国出口贸易的途径

（一）来华留学教育通过提供人才支撑促进中国出口贸易

美国经济学家舒尔茨和贝克尔创立人力资本理论，丰富了新古典经济学的研究框架。该理论通过识别附加于人力之上的生产知识、劳动与管理技能来区分有差别的劳动力，并且认为，在经济发展过程中，人力资本的作用大于物质资本的作用。人力资本是经济生产活动中的基本生产要素，也是国际贸易领域的重要影响因素，高层次的人力资本更是对经济活动的转型升级起着关键作用。来华留学教育活动本身兼具经济、文化、外交等多重属性。来华留学生作为接收跨国知识与技能的载体，代表着一种高层次的人才流动，而且其具备熟悉中国和母国相关情况的特点，将会对中国向其母国的出口贸易起一定推动作用。近年来，中国政府贯彻落实"人才强国"战略，对内提升科教水平，对外吸引国际人才，形成人才智库。高素质的人才在经济合作、政治互信、文化交流等方面发挥着重要作用。学者郑刚（2016）认为，人力资源是"一带一路"建设顺利实施和持续推进的重要支撑和基础。来华留学教育在共建"一带一路"中具有基础性和先导性作用，为中国输送了一批批来自各国的优秀人才，更为进一步深化倡议提供了智力、情感等多方面的支持。

在来华留学生中，生源国的经济发展水平与该国学生出国留学的目的存在一定联系。发达国家留学生侧重于学习语言，而欠发达国家留学生则侧重专业课程的学习（陈武元，2020）。数据显示，来华留学生集中分布于软硬件资源充足的顶尖高校，而中国的商科也是来华留学生青睐的热门学科，这也直接有助于培养经贸人才的培养。"一带一路"沿线国家大多为发展中国家，人才质量参差不齐。相比而言，中国能提供更优秀的教育资源平台和较为完备的教育体系和人才培养体系，因此，中国成为沿线国家留学生眼中性价比较高的留学目的国。

来华留学教育为"一带一路"沿线发展中国家留学生创造了接受高技能培训和获取专业知识的条件。通过传授留学生先进的专业技能和管理理念，提高其竞争力，同时也实现了人力资本的积累，丰富了生源国的人力资本储备（许家云，2016）。优秀留学生毕业后回归母国，将所学知识技能应用于生产建设，带动其生源国发展，也分享了中国发展红利。另外，开展"一带一路"来华留学教育也将直接服务于我国"走出去"战略，助力我国企业的海外拓展，促进中国产品和服务的出口。相比国内贸易，跨国贸易面临着运输距离、商业模式、语言沟通等多重考验。来华留学生在出国前就已经熟知其母国的市场情况，熟悉消费者偏好，了解当地市场需求，在来华学习过程中通过亲身经历也加深了对中国社会经济、风土人情、商业惯例、法律法规等的了解，加上具备语言沟通技能，是天然的信息载体和商业中介，能加速经贸合作的进程。我国企业当前已有多年"出海"经验，但由于对目的国市场信息掌握不到位，缺少既懂语言又懂技术的商务人才，限制了"走出去"的步伐。因此，通过来华留学生教育培养了解技术、认同中国价值、掌握多国语言的留学生，补充国际商务人才队伍，能够缓解中国对外投资和贸易时面临的人才"瓶颈"问题，降低对外贸易中的语言文化壁垒，实现中国与生源国的协同发展。

而且，留学生作为其母国的重要人才资源，归国后将会参与母国的建设发展过程中并产生一定影响力。无论是从商还是从政，他们都会对双方关系产生重要影响。由于受中国文化熏陶，加上切身体验，来华留学生在归国后的经济政治活动中表现出很强的亲华立场（郭玉贵，2012）。通过对中国故事的讲述，留学生能够拉近中国与生源国间的文化距离，促进民心相同，提高双边信任度，构建更加长远的经贸合作关系。

（二）来华留学教育通过降低交易成本促进中国出口贸易

罗纳德·科斯在1937年首次提出交易费用的思想，它根本的论点是解释企业的本质和产生原因。随后，威廉姆森（1977）又进一步对交易费用理论进行了发展和完善，他将交易费用分为事前的交易费用和事后的交易费用。科斯本人在1991年也提出，《企业的性质》的发表将来会被考虑具有重要贡献的是把交易成本明确地引进了经济分析之中。在国际投资领域，交易成本理论的运用为企业向海外市场拓展提供了分析框架。国际贸易有多种非正式贸易壁垒，尤其是信息壁垒，包括销售渠道、消费者偏好、市场机会等（Javorcik et al.，2011）。由于缺乏国外消费者的需求信息，国内企业为促成交易必须付出高昂的信息收集和筛选成本，因而对企业的经营扩张形成一定阻碍，但国际人才的流动能降低这种障碍。人才流动能显著降低贸易间非正式贸易壁垒，降低贸易成本，促进对外贸易（Rauch，2001）。来华留学生是优秀人才跨国流动的典型代表，是一种高级的人力资本，同时富有信息优势，其形成的社会网络关系能为中国和其生源国之间的贸易往来提供多方面的便利（魏浩，2015）。

来华留学生降低事前的交易成本主要体现在降低搜索成本和谈判成本。第一，在销售渠道信息和消费偏好信息方面，来华留学生可以基于生源国市场情况，在中国和母国寻找相关企业和商业主体，征询产品及服务信息，在买卖双方间牵线搭桥，促成商业交易，从而降低出口企业的前期搜索成本。第二，留学生深知其生源国的消费偏好，可以准确提供真实有效的市场信息，使中国企业能够针对东道国文化特征出口销售商品，并且进行合理定价，因而也能使中国出口企业避免面临信息不对称从而导致滞销甚至遭遇反倾销等问题。第三，来华留学生通过在华的学习和了解，能够直观准确地将中国企业管理模式以及与中国人交往经验等信息传达到其生源国，使生源国消费者和进口企业熟悉认同中国企业组织文化，提高合作意向，降低交易对手匹配成本，促使商业谈判更易展开和顺畅进行。在降低事后的交易成本方面，留学生起到的作用主要是降低运营成本和监督成本。从中国出口企业的长久经营来看，来华留学生网络在我国出口企业的经营期间也能提供有益的市场信息，为企业找到价格较低的广告商和仓库厂房等，降低前期"开城"投入和固定成本（Peri and Requena-Silvente，2010），从而提高企业的资源配置效率，提高出口企业的存活率（杨汝岱和李艳，2016）。

随着经济发展，国际分工水平的加深，非同质性产品不断增加。理论上认为非同质性产品具有较低的替代弹性（Dunley，2006），但因为非同质性产品特点较为多样，所以在贸易过程中它的信息壁垒更高，需要借助人为的推广宣传才能打开销路（张朋，2020）。因此，相对于同质性产品，留学生网络对非同质性产品能起到更大的宣传作用，促进非同质性产品的贸易（Rauch and Trindade，2002），从而促进中国出口结构的调整。

总的而言，来华留学生作为天然的信息中介，在跨国贸易中能准确传达相关商业信息，降低信息的搜寻和获取成本，缓解信息不对称问题，并且通过传递信息使交易主体能够实现精准匹配，大大简化事前事后的交易成本，包括信息收集成本、对手方匹配成本、合约商议成本等，从而便利商业活动的发展，促进中国产品出口贸易的发展。

（三）来华留学教育通过发挥社会网络效应促进中国出口贸易

在讨论来华留学教育如何支持与帮助中国产品和资本"走出去"时，社会网络理论提供了相应的理论依据。社会网络指的是既定的研究对象（可以是社会中的个体、群体乃至组织）在社会情境下所形成的各种关系和纽带，按照关系密切程度划分可以分为强关系和弱关系。该理论最初是由美国社会学家格兰诺提出的，用以解释社会行为，后来被广泛应用到经济学、统计学、人类学等学科中。在贸易领域，个人或企业的经济行为嵌入社会网络的信任结构之中，从而建立了各种可强可弱的贸易关系。社会网络结构也多被用来刻画贸易国的中心地位和网络密度。从社会网络视角来看，接受来华留学教育的留学生团体会在中国与其生源国之间建立跨国社会网络关系，摄取社会资源，进行信息交换，推进双边贸易深入合作。

我国与"一带一路"沿线国家正在探索建设新型合作关系，在各领域的正式制度约束亟待建立完善。由于"一带一路"沿线国家大多属于发展中国家，尚未与国际法律完全接轨。因此，在一个较弱的国际法律体系中，留学生作为高端人才，在国际间流动形成的社会网络，能够通过提高契约执行的社会强制力，从而维持友好互信的贸易合作关系（Greif，1993；Rauch，2001；魏浩，2020）。大多数留学生来自生源国的精英家庭和高端阶层（赵永亮，2012；温珺等，2019），拥有更多人脉资源，社会接触面更加广阔，因而能在跨国商品交易中发挥纽带作用。"一带一路"沿线国家也存在行业协会、商会等组织形式，行业内商人彼此认识并且会进行信息互换，通过非正式网络来进行信息传播并成为主要途径，而非仅商业函件问询等传统途径，并且会在此基础上开展广泛的商业合作（魏浩，2020），因而形成的合作关系会更加稳定，不会轻易发生违约情况。来华留学生形成的社会网络能够成为非正式约束，与双边贸易协定等正式制度形成补充，并且弥补相关制度的缺失和不到位，规范交易双方行为。这种社会网络关系能够形成内部监督，一旦网络中的某个交易主体出现故意性不履约或商业欺诈行为，将会受到这个社会网络其他成员的自发抵制，这将是比法律诉讼更有效的制裁（蒙英华等，2015）。通过内部制约和监督，来华留学教育所形成的社会网络关系能够降低违规风险，促使交易双方履行贸易合约，形成稳定可靠的合作关系，减轻中国出口企业的"外来者劣势"，奠定友好合作的基础。双边关系的改善、官方和民间的交流会促进经贸合作的深入，并增强中国与生源国的商业互信，缓解信任危机，营造良好的营商环境。

来华留学教育活动作为民间文化交流的重要组成部分，还能增强友好互信。留学生群体所形成的社会网络关系不仅能够定向传递商业信息，而且还能实现较大范围的文化价值观念的传播。文化差异会引发信任危机，而来华留学教育能够减轻文化语言方面的非正式壁垒。来华留学教育作为隐形的文化传播途径而非官方强制性质的文化植入，能够有效促进双边国家交流与沟通，而不致引起当地人民反感。来华留学生是两国间文化交流的重要媒介，他们能够利用在两国间的社会关系和人脉资源，实现价值传播。通过在华的学习与交流，来华留学生凭借对中国社会文化和商业经济的了解，实现买卖双方的交易信息匹配。另外，他们形成的社会网络关系有助于增加生源国对中国的文化认同，缩小文化差异，减轻不确定因素和机会主义，增进共同信任，化解国际投资贸易的信任危机，并且形成非硬性约束，规范贸易双方的商业行为，避免出现违约情况。因此，留学生群体形成的社会网络关系能够减少交易的不确定性和风险，提高贸易合同的执行力，促进中国向其母国的商品出口，推动两国间经贸活动的开展。

二、研究假设

来华留学教育活动是推动中国与生源国人文交流的直接途径，是促进民心相通的重要方式。来华留学生作为知识技能与信息方法的载体，会直接对两国间商品贸易能产生带动作用。因此，本书做出以下假设。

假设 1：来华留学教育会促进中国出口贸易的增长。

在产品信息的传递中，留学生群体可以充当非常有效的信息中介，因为来华留学生非常熟悉其生源国与中国的文化习俗、宗教信仰与消费偏好。与非学历生相比，来华学历生在华接受学历教育的时间更长，更加了解中国市场。因此，本书做出以下假设。

假设 2：相较于非学历生，来华学历生的贸易促进效应更明显。

中国一向注重政策制度的引导作用，因而 2013 年提出"一带一路"倡议，构建新型区域合作关系，通过实现民心互通、贸易畅通等来打造形成更高级的经贸合作关系，推动商品贸易和对外投资的广化和深化。因此本书做出以下假设。

假设3："一带一路"倡议提出后，来华留学教育对中国出口贸易的影响比"一带一路"倡议提出前其对中国出口贸易的影响强。

随着贸易的全球化开展，中国的经贸合作对象遍及全世界，既有欧美等发达国家，又包括亚非拉地区的发展中国家。贸易范围从初级产品到中间产品，再到工业制成品，品类丰富。针对国际贸易中技术含量较高的资本品，更需要交易双方有良好的合作基础和商业互信。因此，本书做出以下假设。

假设4：来华留学生对资本品出口贸易的推动作用比对中间产品、消费品出口贸易推动作用更强。

第四节　研究设计

一、样本选择和模型构建

本书考察来华留学教育对中国对"一带一路"沿线国家出口贸易的影响。为了准确研究来华留学教育的贸易促进效用，本书初始样本涵盖"一带一路"沿线63个国家。在此基础上，剔除其他指标严重缺失的样本国，最终选用38个国家的数据，详见附录。另外，选取样本的时间跨度为2003～2018年共16年的面板数据。为了系统研究来华留学教育如何影响中国出口贸易，本书借鉴魏浩和芦林堃（2020）的研究，构建以下计量模型：

$$
\begin{aligned}
\mathrm{lnexport}_{i,t} = {} & \alpha + \beta_1 \mathrm{lnstu}_{i,t} + \beta_2 \mathrm{lngdp}_{i,t} + \beta_3 \mathrm{lnfdi}_{i,t} + \beta_4 \mathrm{lngdpp}_{i,t} \\
& + \beta_5 \mathrm{lnpop}_{i,t} + \beta_6 \mathrm{lndis}_{i,t} + \beta_7 \mathrm{EFI}_{i,t} + \beta_8 \mathrm{CD}_{i,t} \\
& + \beta_9 \mathrm{time}_{i,t} + \varepsilon_{i,t}
\end{aligned}
\tag{5-1}
$$

$$
\begin{aligned}
\mathrm{lnexport}_{i,t} = {} & \alpha + \beta_1 \mathrm{lndegree}_{i,t} + \beta_2 \mathrm{lngdp}_{i,t} + \beta_3 \mathrm{lnfdi}_{i,t} + \beta_4 \mathrm{lngdpp}_{i,t} \\
& + \beta_5 \mathrm{lnpop}_{i,t} + \beta_6 \mathrm{lndis}_{i,t} + \beta_7 \mathrm{EFI}_{i,t} + \beta_8 \mathrm{CD}_{i,t} \\
& + \beta_9 \mathrm{time}_{i,t} + \varepsilon_{i,t}
\end{aligned}
\tag{5-2}
$$

$$
\begin{aligned}
\mathrm{lnexport}_{i,t} = {} & \alpha + \beta_1 \mathrm{lnnondegree}_{i,t} + \beta_2 \mathrm{lngdp}_{i,t} + \beta_3 \mathrm{lnfdi}_{i,t} + \beta_4 \mathrm{lngdpp}_{i,t} \\
& + \beta_5 \mathrm{lnpop}_{i,t} + \beta_6 \mathrm{lndis}_{i,t} + \beta_7 \mathrm{EFI}_{i,t} + \beta_8 \mathrm{CD}_{i,t} \\
& + \beta_9 \mathrm{time}_{i,t} + \varepsilon_{i,t}
\end{aligned}
\tag{5-3}
$$

模型（5-1）旨在从整体规模层面研究来华留学教育对中国出口贸易的影响，模型（5-2）、模型（5-3）则从质量层面区分学历生与非学历生，研究不同学历层次的来华留学教育对中国出口贸易的影响。其中，$lnexport_{i,t}$是被解释变量，表示中国在 t 年出口 i 国的贸易总额；$lnstu_{i,t}$、$lndegree_{i,t}$、$lnnondegree_{i,t}$分别表示 i 国在时间 t 的来华留学生总人数、学历生人数及非学历生人数，为核心解释变量；$lngdp_{i,t}$、$lnfdi_{i,t}$、$lngdpp_{i,t}$、$lnpop_{i,t}$、$lndis_{i,t}$、$EFI_{i,t}$、$CD_{i,t}$、$time_{i,t}$为控制变量，α 和 $\varepsilon_{i,t}$分别表示常数项和随机扰动项。

二、变量选择和数据来源

1. 被解释变量。中国出口贸易额（lnexport）。2003~2018 年中国对"一带一路"沿线各国的出口额。根据魏浩（2020）的研究，又将出口产品按照 BEC 分类标准分为资本品（lncapital）、中间品（lnmedium）和消费品（lnconsume），在基准检验的基础上，本书将对来华留学教育对不同产品出口额的促进效应进行异质性分析。

2. 核心解释变量。来华留学总人数（lnstu）。按来华留学生的学历层次区分，可以分为来华学历生（lndegree）和非学历生（lnnondegree），其中，"学历生"包括专科留学生、本科留学生、硕士研究生和博士研究生，"非学历生"主要为高级进修生、普通进修生、语言进修生和短期进修生。

3. 控制变量。本书基于已有文献的常用做法，选取八个控制变量。引入生源国国内生产总值（lngdp）来表示该国的市场规模；引入中国对生源国的对外直接投资存量（lnfdi）来反映两国之间已有的经贸往来，同时还可验证贸易与投资间是互补效应还是替代效应（Buckley et al.，1981）；引入经济自由度指数（EFI）作为生源国经济制度质量的代理变量，制度质量高的国家贸易体量就更大（谢孟军，2013；韩增林，2021）；引入汇率（e）控制双边国家货币升贬值对贸易的影响；引入是否签订自贸协定（FTA）考察关税水平对双边贸易的影响；引入生源国人口数量（lnpop）和中国北京与生源国首都的地理距离（lndis）来控制控制生源国人口规模、两国间距离对出口贸易的影响；引入文化距离（CD）变量来控制文化差异影响，参考綦建红（2014）的做法加入建交时间的倒数，计算公式为：

$$CD_i = \sum_{k=1}^{n} \left[\frac{(I_{ki} - I_{kc})^2}{V_k} \right] / n + 1/time$$

变量定义及数据来源如表6-3所示。

表6-3　　　　　　　　　变量定义及数据来源

变量		变量定义	数据来源
被解释变量	lnexport	中国出口贸易额	联合国贸发会议统计数据库（UN comtrade）
核心解释变量	lnstu	来华留学生人数	教育部国际合作与交流司《来华留学生简明统计》2003~2018年
	lndegree	来华学历生人数	
	lnnondegree	来华非学历生人数	
控制变量	lngdp	生源国生产总值	世界银行数据库
	lnfdi	中国对生源国投资存量	《中国对外直接投资统计公报》2003~2018年
	EFI	经济自由度指数	The Heritage Foundation 数据库
	e	中国与生源国的换算汇率（直接标价法）	国际货币基金组织官网 IFS 数据库
	FTA	中国与生源国是否签订自贸协定	中国自由贸易区服务网中国自由贸易区服务网
	lnpop	生源国人口数	世界银行数据库
	lndis	地理距离	CEPII 数据库
	CD	文化距离	Hofstede 官网数据计算得到

三、描述性统计和相关性检验

如表6-4所示，"一带一路"沿线各国的来华留学总人数存在较大差异，最小值为0，最大值为10.26。沿线各国在经济发展水平、与中国的经贸联系、人口规模、文化距离、建交时长等方面也存在一定差异。除了文化距离（CD）的标准差较大以外，其他变量的方差均处于0~2，说明数据整体的离散度较小。

表 6 – 4   变量描述性统计

变量	观测值	均值	标准差	最小值	最大值
lnexport	515	21. 94	1. 77	16. 95	25. 15
lnstu	515	6. 29	2. 02	0	10. 26
lngdp	515	25. 42	1. 50	21. 62	28. 63
lnfdi	515	18. 20	2. 94	0	24. 64
EFI	515	61. 18	9. 02	40. 30	89. 40
e	515	2. 60	4. 66	0	37. 97
FTA	515	0. 20	0. 40	0	1. 00
lnpop	515	16. 84	1. 65	13. 33	21. 03
lndis	515	8. 63	0. 33	7. 75	8. 95
CD	515	2. 44	1. 98	0. 24	9. 00

由于模型中相关经济变量较多，在回归之前有必要对各变量进行多重共线性检验。如表 6 – 5 所示，绝大多数变量之间的相关系数绝对值在 0.7 以下，相关性给出了变量间相互关系的初始表现，由相关关系系数 0.84 可以看出，中国出口贸易额（lnexport）与来华留学生人数（lnstu）之间存在正相关关系。此外本书还采用了方差膨胀因子（VIF）检验，如表 6 – 6 所示，结果显示所有变量的方差膨胀因子均小于 10，因而不存在严重的多重共线性问题。

表 6 – 5   变量间相关性检验

变量	lnexport	lnstu	lngdp	lnfdi	EFI	e	FTA	lnpop	lndis	CD
lnexport	1									
lnstu	0. 84	1								
lngdp	0. 85	0. 66	1							
lnfdi	0. 80	0. 83	0. 61	1						
EFI	− 0. 10	− 0. 20	− 0. 22	− 0. 04	1					
e	0. 36	0. 35	0. 30	0. 35	0. 08	1				
FTA	0. 49	0. 59	0. 27	0. 47	0. 12	0. 16	1			
lnpop	0. 73	0. 73	0. 78	0. 55	− 0. 56	0. 37	0. 32	1		
lndis	− 0. 46	− 0. 64	− 0. 18	− 0. 42	0. 20	0. 24	− 0. 64	− 0. 51	1	
CD	0. 03	− 0. 20	0. 06	− 0. 02	0. 10	0. 09	− 0. 23	− 0. 05	0. 34	1

表 6 - 6 多重共线性分析

变量	VIF	1/VIF
e	1.25	0.8008
CD	1.31	0.7618
FTA	2.22	0.4496
EFI	2.36	0.4244
Lndis	3.55	0.2820
Lnfdi	3.91	0.2557
Lngdp	5.35	0.1870
Lnstu	7.16	0.1397
Lnpop	9.18	0.1089
Mean VIF	4.03	

第五节　实证检验和结果分析

一、基准回归检验

本书选用 2003～2018 年中国与"一带一路"沿线 65 个国家的最新数据来进行实证检验，对缺失的数据进行筛选后得到 515 个样本，为非平衡面板数据。本书先通过豪斯曼检验得到 p 值为 0.0003，因而拒绝原假设，选用固定效应模型，然后对时间和国家固定效应进行联合显著性检验，也得到拒绝原假设的结论，因而加入时间固定效应与国家固定效应，选择 LSDV 方法运用双向固定效应模型进行回归检验。

本书首先从总体规模上分析生源国来华留学总人数对中国对其出口贸易总额的影响；其次从来华留学生的质量角度出发，将来华留学生按照学历层次划分为"学历生"和"非学历生"，考察留学生在华学习时长所带来的贸易促进效应是否有所不同。通过这三个回归结果的对比可以看出，来华留学教育的规模和质量分别对中国出口贸易会产生怎样的促进作用。

基于总体样本，本书首先考察来华留学教育对中国对"一带一路"沿线各国出口贸易总额的影响，具体回归结果如表6-7所示。其中，模型（6-1）、模型（6-3）、模型（6-5）作为对照组，只分别引入了核心解释变量来华留学生总数（lnstu）、来华学历生（lndegree）、来华非学历生（lnnondegree），因而样本容量较大，而模型（6-2）、模型（6-4）、模型（6-6）同时引入了核心解释变量和控制变量，由于剔除了缺失数据的样本，所以样本量变少。通过表6-7可以发现，模型（6-1）、模型（6-3）、模型（6-5）中，核心解释变量来华留学生总人数（lnstu）、来华学历生人数（lndegree）、来华非学历生人数（lnnondegree）的系数均显著为正，分别为0.734、0.748、0.581，验证了前面的假设2，也印证了来华留学教育对促进中国出口贸易的解释力较强。相比只引入核心解释变量的模型，加入了控制变量的模型的拟合优度更大，从0.71上升到0.91。这说明，添加控制变量能更好地解释中国对"一带一路"沿线国家出口贸易行为，即如果对各种影响因素进行有效控制，来华留学教育对中国出口贸易具有显著的推动作用，这也进一步说明了来华留学教育对中国出口贸易产生的促进作用。留学生作为中国与生源国之间沟通的桥梁，提高生源国社会对中国文化的认可程度，减少文化差异，从而提高商业信任基础。而且留学生作为信息载体，在一定程度上也能为商业信息的匹配提供帮助，从而促进经贸交流合作。

表6-7　　　　　　　　　　　基准回归结果

因变量	模型（6-1）只引入核心解释变量	模型（6-2）加入控制变量	模型（6-3）只引入核心解释变量	模型（6-4）加入控制变量	模型（6-5）只引入核心解释变量	模型（6-6）加入控制变量
	lnexport	lnexport	lnexport	lnexport	lnexport	lnexport
lnstu	0.734 *** (35.06)	0.251 *** (8.24)				
lndegree			0.748 *** (32.15)	0.175 *** (6.91)		
lnnondegree					0.581 *** (18.918)	0.148 *** (6.46)
lngdp		0.828 *** (23.24)		0.886 *** (24.24)		0.789 *** (21.08)

续表

因变量	模型（6-1）只引入核心解释变量	模型（6-2）加入控制变量	模型（6-3）只引入核心解释变量	模型（6-4）加入控制变量	模型（6-5）只引入核心解释变量	模型（6-6）加入控制变量
	lnexport	lnexport	lnexport	lnexport	lnexport	lnexport
lnfdi		0.080 *** (5.13)		0.102 *** (6.62)		0.108 *** (7.52)
EFI		0.005 (1.18)		0.006 (1.50)		0.008 * (1.92)
e		0.016 *** (2.94)		0.017 *** (3.01)		0.014 ** (2.45)
FTA		0.047 (0.55)		0.099 (1.14)		0.058 (0.67)
lnpop		-0.245 *** (-5.79)		-0.250 *** (-5.64)		-0.145 *** (-3.48)
lndis		-1.329 (-10.04)		-1.460 *** (-10.96)		-1.423 *** (-10.69)
CD		0.110 *** (8.26)		0.098 *** (7.28)		0.101 *** (7.52)
常数项	17.321 *** (125.19)	12.939 *** (10.7)	18.918 *** (157.2)	13.001 *** (10.50)	17.757 *** (129.01)	12.974 *** (10.54)
个体固定效应	是	是	是	是	是	是
时间固定效应	是	是	是	是	是	是
样本观测值	952	515	952	515	952	515
调整后 R^2	0.71	0.91	0.60	0.91	0.67	0.91

注：***、**、*分别表示在1%、5%、10%的置信水平上显著。

从总体回归结果来看，中国出口贸易总额（lnexport）与来华留学人数（lnstu）的回归系数为0.734，在1%的置信水平上显著，可以看出，来华留学教育对中国出口贸易的影响是正向的，验证了前面的假设1，说明我国与他国在人文上的沟通交流能促进民心相通，从而促进贸易往来。从控制变量的结果来看，生源国的经济发展水平（lngdp）、我国对生源国的对外直接投资存量（lnfdi）等指标的回归结果显著为正，说明国家的对外交流活动具有一定的路径依赖效应，已建立合作关系的国家更易跨领域达成进一步合作

（岳敏，2018）。生源国经济自由度指数（EFI）与中国出口贸易呈正相关关系，但并不显著。系数为正表示生源国经济制度质量越高，中国出口面临的不确定性因素越少，两国间贸易往来就越顺畅。以直接标价法表示的汇率水平（e）越高，代表以人民币标价的中国商品越便宜，因而出口额会增加。是否签订自贸协定（FTA）这一指标的系数为正但也不显著，可能是因为中国对"一带一路"沿线国家整体的关税水平不高，而且在以往的经贸联系中建立了友好合作关系，区域经济合作水平较高，因而自贸协定是否签订的影响并不大。生源国人口规模（lnpop）和两国间地理距离（lndis）的回归系数分别为 -0.245、 -1.329，说明对中国的出口贸易起抑制作用，这可能是因为人口越多的国家经济发展水平越低，因而进口越少。文化距离（CD）的回归系数为正且在1%的置信水平上显著，这与以往的研究不太一样。可能原因是，"一带一路"沿线国家与中国的区位距离并不算远，大多同属于亚洲文化圈，因而在一定范围内的文化差异反而会增加对商品的吸引力。

从区分来华留学生层次的回归结果来看，模型（6-4）和模型（6-6）显示，通过了1%水平的显著性检验。因此，可发现沿线国家留学生对中国的出口贸易产生正向显著的促进作用。但从回归系数上看，学历生（lndegree）每增加1%带动中国的出口贸易总量增加0.175%，而非学历生（lnnondegree）则带动增加0.148%。这说明高质量学历生对我国出口贸易的促进能力更强。

二、异质性检验分析

（一）分产品类别回归检验

中国近年致力于加快货物贸易转型升级，推动出口由消费品为主转为以消费品和资本品并重。因此，本书根据联合国贸易品 BEC 商品分类方法，将出口商品分为资本品（lncapital）、中间产品（lnmedium）和消费品（lnconsume）三大类，进一步考察来华留学教育对上述三类商品出口贸易的不同影响，回归结果如表6-8所示。

表 6 - 8 基于分类产品的异质性回归结果

因变量	模型（6-7）资本品	模型（6-8）中间产品	模型（6-9）消费品
	lncapital	lnmedium	lnconsume
lnstu	0.307 *** （7.48）	0.283 *** （8.09）	0.244 *** （7.44）
lngdp	0.896 *** （23.36）	0.784 *** （19.21）	0.837 *** （17.48）
lnfdi	0.110 *** （6.61）	0.068 *** （3.84）	0.059 *** （2.81）
EFI	0.018 *** （4.26）	0.011 ** （2.43）	- 0.017 *** （ - 3.14）
e	0.001 （0.18）	0.021 *** （3.35）	0.026 *** （3.56）
FTA	- 0.021 （ - 0.23）	0.094 （0.96）	0.064 （0.55）
lnpop	- 0.245 *** （ - 5.4）	- 0.168 *** （ - 3.46）	- 0.452 *** （ - 7.95）
lndis	- 1.107 *** （ - 7.76）	- 1.52 *** （ - 10.02）	- 0.958 *** （ - 5.38）
CD	0.051 *** （3.55）	0.139 *** （9.09）	0.158 *** （8.82）
常数项	6.538 *** （5.02）	13.149 *** （9.49）	12.819 *** （7.89）
个体固定效应	是	是	是
时间固定效应	是	是	是
样本观测值	515	515	515
调整后 R^2	0.91	0.90	0.82

注：*** 、 ** 、 * 分别表示在 1% 、5% 、10% 的置信水平上显著。

表 6 - 8 是 BEC 商品分类视角下来华留学教育对贸易出口效应的实证结果。回归结果表明：来华留学教育能够显著促进中国与生源国之间资本品（lncapital）、中间产品（lnmedium）、消费品（lnconsume）的出口贸易增长。具体而言，来华留学总人数每增长 1% ，会带动资本品出口贸易增长 0.307% ，

带动中间品出口贸易增长 0.283%，带动消费品出口贸易增长 0.244%，可见，来华留学教育对资本品出口的促进作用强于对中间品的促进作用，再强于对消费品出口的促进作用。虽然来华留学教育对消费品出口也存在一定的促进作用，但是这种作用较前两者轻。从控制变量来看，异质性分析的回归结果与基准回归结果大致相同，生源国人口和两国间地理距离仍呈负向影响，而生源国发展水平、两国间已有经贸联系、生源国经济制度质量等对三类产品出口贸易产生正向影响。

根据联合国公布的 BEC 商品分类标准，资本品的技术含量较高，市场价值也更高，中间产品次之，消费品技术含量最低且价格低廉。资本品和中间品主要用于工业生产而非日常用品，这类商品在国际贸易中需要建立一定的商业互信基础，因此，来华留学生在这类产品的跨国贸易中可以起到一定信息中介效用。另外，"一带一路"沿线国家参与国际分工层次较低，处在产业链价值链的中下游，在制造业行业和技术水平与我国存在适宜性梯度差异（黄莉芳、吴福象，2020），因而可以承接我国的中高端产品出口。沿线国家学生来华接受留学教育，也能有机会接触到中国前沿的科技新兴产业，甚至参与到高新技术产品的跨国贸易中，通过降低语言壁垒和交易信息成本，促进我国中高端产品向其母国的流通，从而增进中国资本品的出口贸易。相较而言，消费品属于日常用品，涵盖范围广泛，而且对贸易信息的依赖性较低。我国的消费品在价格、质量以及性能方面一向都具有明显的比较优势，"一带一路"沿线国家又多为发展中国家，对物美价廉的中低端产品需求较大，所以即使没有留学生作为信息中介，中国对沿线国家消费品的出口未受到相关影响。来华留学教育对资本品和中间产品的贸易促进作用明显大于对消费品的贸易促进作用。从这我们也可看出，中国与沿线国家间科教文化间的交流有助于改善中国出口贸易结构，提高高技术含量产品的出口比重，实现从"中国制造"到"中国智造"的贸易出口结构转型。

（二）分时间阶段回归检验

21 世纪以来，世界朝着和平与发展的主旋律迈进。2000～2012 年，中国一直秉持着和谐共处、互利共赢的外交理念。随着经济的增强，中国也逐渐主动走向国际舞台，"一带一路"倡议的提出便是中国推进构建新型大国关系的重要一步，2013 年更是中国与周边国家外交关系的一个重要分水岭。因此，本书以"一带一路"倡议提出前后作为划分依据，将样本观测值分为两个时间段，以研究不同时期开展来华留学教育活动对中国对外出口贸易总额的影响。

如表 6-9 所示，"一带一路"倡议提出以前（2003~2012 年），来华留学总人数对中国出口贸易的回归系数为 0.166，对比"一带一路"倡议提出以后（2013~2018 年），该影响系数变为 0.216，而且都在 1% 的置信水平上显著。这与以往的研究相符，学界普遍认为，"一带一路"倡议的提出能够促进双方经贸更深层次合作。2013 年后，"一带一路"沿线各国整体营商环境改善，加上物流和网络技术的畅通，对出口贸易的限制较少，因此，来华留学生团体起到的信息效应较 2003~2012 年更强。另外，也可能是因为"一带一路"倡议提出后来华留学生规模和结构的变化均存在滞后性，故来华留学生对中国出口的影响也存在滞后性。

表 6-9　　　　区分"一带一路"倡议提出前后的回归结果

因变量	"一带一路"倡议提出前：2003~2012 年			"一带一路"倡议提出后：2013~2018 年		
	lnexport	lnexport	lnexport	lnexport	lnexport	lnexport
lnstu	0.166 * (5.32)			0.216 *** (4.48)		
lndegree		0.254 *** (6.31)			0.324 *** (5.39)	
lnnondegree			0.148 *** (4.87)			0.197 *** (4.11)
lngdp	0.799 *** (17.45)	0.874 *** (19.2)	0.774 *** (15.99)	0.852 *** (13.56)	0.886 *** (13.32)	0.787 *** (12.26)
lnfdi	0.095 *** (4.98)	0.115 *** (6.07)	0.119 *** (6.63)	0.053 * (1.7)	0.084 *** (2.77)	0.078 ** (2.56)
EFI	0.008 (1.47)	0.008 (1.53)	0.012 ** (2.31)	0.000 (0)	0.005 (0.75)	0.001 (0.24)
e	0.016 *** (2.67)	0.017 *** (2.66)	0.014 ** (2.22)	0.02 (1.2)	0.026 (1.46)	0.002 (0.11)

因变量	"一带一路"倡议提出前：2003～2012年			"一带一路"倡议提出后：2013～2018年		
	lnexport	lnexport	lnexport	lnexport	lnexport	lnexport
FTA	−0.036 (−0.31)	0.032 (0.27)	0.020 (0.17)	0.125 (0.95)	0.158 (1.17)	0.120 (0.89)
lnpop	−0.222 *** (−4.18)	−0.238 *** (−4.24)	−0.121 ** (−2.29)	−0.314 *** (−4.04)	−0.29 *** (−3.52)	−0.156 ** (−2.22)
lndis	−1.123 *** (−6.3)	−1.283 *** (−7.21)	−1.239 *** (−6.96)	−1.489 *** (−7.15)	1.617 *** (−7.66)	−1.651 *** (−7.96)
CD	0.091 *** (5.18)	0.077 *** (4.4)	0.077 *** (4.4)	0.138 *** (6.63)	0.127 *** (6)	0.136 *** (6.4)
常数项	11.121 *** (6.93)	11.289 *** (6.87)	10.972 *** (6.72)	15.084 *** (8.04)	15.079 *** (7.82)	15.773 *** (8.25)
个体固定效应	是	是	是	是	是	是
时间固定效应	是	是	是	是	是	是
样本观测值	321	321	321	194	194	194
调整后 R^2	0.9	0.9	0.9	0.92	0.92	0.92

注：*** 、** 、* 分别表示在1%、5%、10%的置信水平上显著。

从区分学历层次的回归结果来看，不管是"一带一路"倡议提出前还是提出后，来华学历生对中国出口的贸易促进效应都大于非学历生带来的贸易促进效应，说明来华学历生作为具备跨文化语言优势和专业技能的复合型人才，他们对中国与生源国市场的了解会更好地促进两国经贸发展，也是推动两国友好合作的重要助力。在"一带一路"倡议提出后，学历教育对中国与生源国在各领域中的交流合作起到越来越重要的作用。来华留学教育不仅仅是单纯的国际教育活动，更是中国与生源国间民心相通的纽带，是两国关系的黏合剂、催化剂和润滑剂。

三、稳健性检验

除此以外，本书从以下三个方面进行稳健性检验：第一，变换回归方法，即使用系统 GMM 方法重新估计。本书所选变量之间可能存在内生性问题，因而以下将加入被解释变量的滞后项，把静态面板模型设定为动态面板模型来进行分析。因系统矩估计包含对水平方程的估计，且与差分矩估计相比，提高了估计效率。因此，本书选用系统广义矩估计对以上结果进行稳健性检验。第二，替换被解释变量，参考王祥如（2020）的做法，以自费生占生源国人口数的比例来替代来华留学总人数这一指标，克服解释变量存在的内生性问题。第三，参照顾江（2019）的做法，增加样本量，剔除可能导致多重共线性的文化距离变量，并对 lnstu 变量进行缩尾处理。由于来华留学生数量可能存在异常值，故对其在 1% 和 99% 分位上进行缩尾处理。

（一）运用系统 GMM 方法进行稳健性检验

为验证模型稳定性，本书利用布伦德尔和邦德（Blundell and Bond，1998）改进的系统 GMM 计量方法，进行稳健性检验。首先，本书在模型（5－1）、模型（5－2）、模型（5－3）的基础上，引入被解释变量出口贸易总额的滞后一期数据作为解释变量，构建动态面板模型。同时用滞后一期的来华留学总人数数据代替来华留学总人数当期数据作为核心解释变量，来构建模型（6－1）、模型（6－2）、模型（6－3），这样一方面可以消除当期来华留学人数与中国出口贸易间存在的内生性问题；另一方面可以考察来华留学教育对中国出口贸易的长期持续作用，即：

$$\begin{aligned}
\text{lnexport}_{i,t} = {} & \alpha + \beta_1 \text{lnexport}_{i,t-1} + \beta_2 \text{lnstu}_{i,t-1} + \beta_3 \text{lngdp}_{i,t} + \beta_4 \text{lnfdi}_{i,t} \\
& + \beta_5 \text{lngdpp}_{i,t} + \beta_6 \text{lnpop}_{i,t} + \beta_7 \text{lndis}_{i,t} + \beta_8 \text{EFI}_{i,t} \\
& + \beta_9 \text{CD}_{i,t} + \beta_{10} \text{time}_{i,t} + \varepsilon_{i,t} \quad\quad (6-1)
\end{aligned}$$

$$\begin{aligned}
\text{lnexport}_{i,t} = {} & \alpha + \beta_1 \text{lnexport}_{i,t-1} + \beta_2 \text{lndegree}_{i,t-1} + \beta_3 \text{lngdp}_{i,t} + \beta_4 \text{lnfdi}_{i,t} \\
& + \beta_5 \text{lngdpp}_{i,t} + \beta_6 \text{lnpop}_{i,t} + \beta_7 \text{lndis}_{i,t} + \beta_8 \text{EFI}_{i,t} \\
& + \beta_9 \text{CD}_{i,t} + \beta_{10} \text{time}_{i,t} + \varepsilon_{i,t} \quad\quad (6-2)
\end{aligned}$$

$$\begin{aligned}
\text{lnexport}_{i,t} = {} & \alpha + \beta_1 \text{lnexport}_{i,t-1} + \beta_2 \text{lnnondegree}_{i,t-1} + \beta_3 \text{lngdp}_{i,t} \\
& + \beta_4 \text{lnfdi}_{i,t} + \beta_5 \text{lngdpp}_{i,t} + \beta_6 \text{lnpop}_{i,t} + \beta_7 \text{lndis}_{i,t} \\
& + \beta_8 \text{EFI}_{i,t} + \beta_9 \text{CD}_{i,t} + \beta_{10} \text{time}_{i,t} + \varepsilon_{i,t} \quad\quad (6-3)
\end{aligned}$$

表 6－10 是运用系统 GMM 方法回归的结果，可以看到，来华留学生总人数（$\text{lnstu}_{i,t-1}$）、来华学历生（$\text{lndegree}_{i,t-1}$）、来华非学历生（$\text{lnnondegree}_{i,t-1}$）的回归系数分别为 0.076、0.096、0.067，系数都为正且都通过了

显著性检验。从数据可以看出，来华学历生对中国出口贸易的促进作用大于来华非学历生的促进作用，也大于总体样本的促进作用。这与前面的估计结果一致，也与协天紫光（2020）、王祥如（2020）等多位学者的研究不谋而合，也再次印证了来华留学中学历教育的贸易促进作用更为明显。但相较于基准检验的回归系数，系统 GMM 的回归系数有所减小，这可能是因为系统 GMM 的限制条件较多导致。从控制变量的回归系数来看，生源国经济水平、中国对生源国的直接投资存量、生源国经济自由度指数均与中国出口贸易呈正相关，而生源国人口规模、两国间地理距离呈显著负相关，也与基准回归结果一致。其他变量的估计结果亦无明显变化，说明本书的结果是稳健的。

表 6 - 10　　　　　　　**利用系统 GMM 估计方法进行稳健性检验**

因变量	模型（6-1）	模型（6-2）	模型（6-3）
	lnexport	lnexport	lnexport
L1. lnstu	0. 075 *** (3. 03)		
L1. lndegree		0. 096 *** (3. 19)	
L1. lnnondegree			0. 067 *** (2. 66)
L1. lnexport	0. 233 *** (6. 23)	0. 227 *** (5. 84)	0. 253 *** (7. 00)
lngdp	0. 897 *** (15. 62)	0. 919 *** (15. 9)	0. 884 *** (15. 09)
lnfdi	0. 044 *** (3. 07)	0. 045 *** (3. 17)	0. 053 *** (3. 88)
EFI	0. 003 (0. 62)	0. 003 (0. 62)	0. 003 (0. 71)
e	0. 008 (1. 44)	0. 009 (1. 6)	0. 01 * (1. 67)
FTA	-0. 123 (1. 13)	0. 146 (1. 35)	0. 136 (1. 22)

续表

因变量	模型（6-1）	模型（6-2）	模型（6-3）
	lnexport	lnexport	lnexport
lnpop	-0.298 *** (-4.85)	-0.286 *** (-4.64)	-0.293 *** (-4.71)
lndis	-1.598 *** (-5.65)	-1.549 *** (-5.46)	-1.663 *** (-5.81)
CD	0.121 *** (3.59)	0.117 *** (3.48)	0.118 *** (3.43)
常数项	10.991 *** (3.85)	10.148 *** (3.57)	11.424 *** (3.93)
样本观测值	476	476	476
AR（1）	0.0047	0.0039	0.0042
AR（2）	0.9082	0.9188	0.9136

注：*** 、** 、* 分别表示在 1%、5%、10% 的置信水平上显著。

（二）替换解释变量进行稳健性检验

在基准回归分析当中，主要解释变量为来华留学生规模，解释来华留学教育对出口贸易的影响。考虑到被解释变量与解释变量之间可能存在的内生性问题，本书参照王祥如（2020）的做法，采用来华自费生与生源国总人数的比例作为替代变量，进一步检验前面回归结果的稳健性。这种方法一方面可以克服解释变量存在的内生性问题；另一方面还可以考察自发的，而不是受中国政府奖学金驱动的来华留学教育是否会对中国出口贸易起到明显促进作用。

从表6-11可以看出，在总体回归样本下，学历生占来华留学总人数的比重对中国出口贸易的影响显著为正，说明来华留学教育中，学历教育起到的贸易促进作用更明显。其余控制变量的符号与显著性与前面一致，说明前面结果通过稳健性检验。从区分产品类别来看，学历生占来华留学总人数的比重对中国资本品、中间产品和消费品出口为正向影响，但只有消费品的回归系数通过了显著性检验。

表 6－11 替换核心解释变量的回归结果

因变量	出口贸易总额	资本品	中间产品	消费品
	lnexport	lncapital	lnmedium	lnconsume
ratio	0.430 *** （6.93）	0.554 *** （6.7）	0.400 （5.56）	0.260 *** （3.82）
lngdp	0.858 *** （23.79）	0.925 *** （23.35）	0.818 *** （19.53）	0.875 *** （18.18）
lnfdi	0.123 *** （9.39）	0.169 *** （11.68）	0.126 *** （8.24）	0.109 *** （6.23）
EFI	0.001 （0.3）	0.017 *** （3.74）	0.008 *** （1.73）	－ 0.021 * （－3.89）
e	0.018 * （3.19）	0.001 （0.17）	0.022 *** （3.4）	0.029 *** （3.84）
FTA	0.126 （1.47）	0.078 （0.82）	0.194 *** （1.95）	0.156 * （1.37）
lnpop	－ 0.096 ** （－2.26）	－ 0.122 *** （－2.62）	－ 0.011 *** （－0.23）	－ 0.266 （－4.7）
lndis	－ 1.341 *** （－9.89）	－ 1.207 *** （－8.1）	－ 1.58 *** （－10.03）	－ 0.956 *** （－5.28）
CD	0.092 *** （7）	0.030 ** （2.07）	0.117 *** （7.63）	0.137 *** （7.79）
常数项	10.643 *** （8.39）	5.093 *** （3.66）	10.980 *** （7.45）	9.868 *** （5.83）
个体固定效应	是	是	是	是
时间固定效应	是	是	是	是
样本观测值	515	515	515	515
调整后 R^2	0.91	0.90	0.90	0.81

注：*** 、** 、* 分别表示在 1% 、5% 、10% 的置信水平上显著。

（三）增加样本量进行稳健性检验

参照顾江（2019）的做法，对核心解释变量 lnstu 进行缩尾处理，以控制极端值情况。另外剔除一直不显著且可能会导致多重共线性的文化距离变量，得到样本观测值为 762 个，样本容量扩大。经过多重共线性检验得到 VIF 平均值为 4.75，证实无多重共线性。此时对模型进行回归，估计结果的系数的大小及方向和显著性均无明显变化，如表 6 - 12 所示。

表 6 - 12　　　　　进行缩尾处理、扩充样本量的回归结果

因变量	lnexport	lnexport	lnexport
lnstu	0.146 *** （7.21）		
lndegree		0.101 *** （5.61）	
lnnondegree			0.120 *** （6.85）
lngdp	0.758 *** （27.71）	0.764 *** （27.73）	0.736 *** （27.04）
lnfdi	0.118 *** （9.62）	0.125 *** （9.90）	0.124 *** （10.46）
EFI	0.016 *** （4.57）	0.017 *** （4.90）	0.017 *** （4.87）
e	- 0.011 *** （- 2.67）	- 0.015 *** （- 3.57）	- 0.008 * （- 1.74）
FTA	0.256 *** （3.80）	0.283 *** （4.16）	0.241 *** （3.55）
lnpop	- 0.024 （- 0.75）	- 0.006 （- 0.18）	0.022 （0.72）
lndis	- 0.409 *** （- 4.91）	- 0.445 *** （- 5.27）	- 0.492 *** （- 6.09）
常数项	2.560 *** （3.59）	2.555 *** （3.52）	3.159 *** （4.44）
个体固定效应	是	是	是
时间固定效应	是	是	是
样本观测值	762	762	762
调整后 R^2	0.87	0.87	0.87

注：*** 、** 、* 分别表示在 1%、5%、10% 的置信水平上显著。

整体而言，在考虑了稳健性与内生性，运用系统 GMM、替换核心解释变量、扩大样本量三种方法进行检验后，不管是从规模还是从质量来看，来华留学教育仍然显著促进了中国出口贸易增长，对资本品出口的促进作用也高于对中间产品、消费品的促进作用。模型中其他控制变量的系数方向及显著性大小也大致与前面基础回归检验结果一致，证明本书的研究结论是可信稳健的。

第六节　结论与建议

一、研究结论

开展留学教育为教育出口创汇和培养优秀商业人才的主要手段。中国提出"一带一路"倡议后，"一带一路"沿线国家留学生增长了 60%，占来华留学生总人数的半数之多。在此背景下，本书以中国对"一带一路"沿线国家的出口贸易额为研究对象，探讨来华留学教育现状以及来华留学教育对于中国商品出口的影响机制，并进行实证研究，以此探究开展不同学历层次的来华留学教育对中国对"一带一路"沿线国家各类商品出口贸易的影响，从而打造留学中国品牌，增强对优秀国际人才的吸引力，为国际间经贸合作提供智库支持。

本书从理论、现状和实证三个方面探讨来华留学生的贸易促进效应，运用"一带一路"沿线 65 个国家 2003～2018 年的数据进行实证研究，将来华留学生按照学历层次分为学历生和非学历生，再按照 BEC 分类标准将出口产品分为资本品、中间产品和消费品三大类，进行基准回归分析和异质性检验，之后运用 GMM 估计等三种方法进行稳健性检验。本书研究有以下发现。

1. "一带一路"沿线国家来华留学生能显著地促进中国对生源国出口贸易的增长。此外，生源国的经济发展水平、中国对生源国的对外直接投资存量、生源国经济自由度指数这三个指标与中国出口贸易额呈显著正相关关系，而生源国人口规模、两国间地理距离则呈显著负相关关系，直接标价法表示的汇率、是否签订自贸协定、文化距离这三个指标也对中国出口贸易产生正向影响。

2. 区分学历层次时，来华学历生带来的出口贸易促进效应比非学历生带来的出口促进效应更明显。这是因为学历生所需来华留学时间更长，对两国的市场情况和商业习惯了解更深入，留学生团体能够凭借自身的知识储备和熟练的语言技能，促成跨国间商品供求的匹配，因而更有益于促成两国间经贸合作。

3. 区分出口产品类别时，来华留学教育对资本品出口的促进作用大于对中间产品的促进作用，又大于对消费品的促进作用。这是因为消费品具有较高的同质性，但资本品和中间产品大多属于非同质型产品，因此，留学生形成的社会网络所起的促进作用更明显。

4. 区分"一带一路"倡议提出前后两个时间段，发现"一带一路"倡议提出后，来华留学教育对中国出口贸易的促进作用更大。两个阶段内，来华学历生的影响都比非学历生的影响要大。这说明，"一带一路"倡议提出后，学历教育对贸易的促进作用更佳。

二、政策建议

"一带一路"倡议为我国出口贸易提供了政策支持和基础设施支持，而留学生流入，尤其是"一带一路"沿线国家的留学生流入，可发挥更强地对出口贸易的促进作用。来华留学不仅是中国教育服务贸易的重要组成部分，也是带动国内消费需求，促进投资贸易的有效手段，它不但能带来经济红利，还兼具促进友好政治外交的价值。因此，中国应该尽快完善留学教育的顶层设计，并结合我国的经济、政治、外交、贸易战略，打造留学中国品牌，推动出口贸易的增长和结构的优化。

第一，完善行政管理体系和监督评价机制。高校应科学培养人才，针对理论性人才和技术性人才设置不同培养方案。努力提升高等教育质量，与国际化接轨，尤其应重视加强专业教育国际认证，争取进入一流教育水平国家行列，得到世界范围内的广泛认可。另外，在留学生日常管理方面，要进行明确的制度规定和行为规范引导，保障留学生的合法权益。在后续跟进方面，要设立评估机制，听取留学生想法，设置合理课程，增加来华留学教育吸引力。

第二，大力推进各国留学生来华接受学历教育。增加高等教育的资金投入，开展双边的和多边的学历互认，简化留学生在相互间高校获得的受教证明和文凭的审批和认证工作。同时也要增加国际宣传，讲好中国故事，使国际学生了解中国，增强学历教育的吸引力。另外在奖学金政策上也可以适当向学历生倾斜，以此提升来华留学教育的学历层次。结合中国的国情，制定针对吸引国际留学生的人才引进政策。加快文化产品出口平台和基地的建设，构建完善的国际宣传网络，通过大量出口文化产品，传播中华文化价值观，讲成讲好中国故事，让更多的国际留学生了解中国。

第三，在非学历留学教育上，推出更多精品项目。开设职业导向型、市场导向型课程，紧跟市场动态，开展有针对性的短期教育培训，丰富创新专业化知识技能。推进留学教育的多元化，带动"一带一路"建设。采取更为灵活有效的培训方式，高校还可以通过开展一些专门针对政府官员、社会精英、商务人才的培养项目，从而进一步增强沿线国家精英群体对"一带一路"倡议的认同感，构建强大的国际人才社会网络，促进中国对沿线国家的出口增长和结构优化。让更多的优秀来华留学生参与到中国经济贸易的交往过程中，共享发展红利，带动"一带一路"建设。

第四，加强来华留学网络建设，深化我国与他国在科技、卫生、文化等方面的交流合作。当今的世界格局是在合作中竞争，也在竞争中合作，只有知识共享才能实现更大程度的进步。要重视留学生的社会网络关系，强化校友联系、校企合作，实现"以旧带新"，持续不断地吸引优秀生源来华接受教育。深化中国与生源国的文化认同和商业信任，促成多方面深层次的合作研究。利用来华留学教育所积累的跨国资本和社会平台，把留学生团体打造成我国对外经济发展过程中的重要助力。

第五，应进一步发挥"一带一路"沿线国家友好外交关系，做大做强"教育外交"，促进中国出口贸易健康稳定发展。在"一带一路"倡议的纵深推进背景下，中国与沿线国家的合作领域也在逐步扩大，合作深度也越来越密切。正值新冠肺炎疫情常态化的历史时期，中国因有效抗疫、联合抗疫在国际社会上树立了良好的形象，我们要把握好历史时机，促进更深入的贸易关系的建立。对此，应充分利用"一带一路"沿线国家来华留学生形成的社会网络，帮助来华留学生讲好中国故事，树立良好口碑，从而释放促进贸易合作的信号，加快贸易与投资的自由化便利化，减少文化语言障碍和隐性贸易壁垒，促进中国产品出口规模和质量的双提升。

第七章

人类命运共同体视角下来华留学服务贸易发展及来华留学生的文化认知分析报告

——基于 86 位来华留学生的调查

文明因多样而发展，因交流而共建，因互鉴而发展。"人类命运共同体"要求我国大学需要充分发挥文化使者的角色和意识，积极开展国际化文化教育实践。本章以广东省高校留学生为例，对广东高校留学生问卷调研与深度访谈。结果表明：第一，来华时间的增长呈"W"形变化周期。第二，在认知方面，来华留学生对中国的大国形象认可度较高；在情感方面，留学生人际交往方面存在一定问题，语言是最大的碍因；在行为方面，留学生正在积极改变自己的行为习惯，使自己更接近中华文化。第三，"一带一路"沿线国家比其他国家来华留学生中华文化认知水平更高。因此，高校应该把握留学生群体认同水平"W"形周期性变化，采取不同时间阶段分化管理的模式；发挥中国政府奖学金的示范引领作用等。

第一节 研究背景

"人类命运共同体"要求我国高校需要充分扮演文化使者的角色，积极开展国际化文化教育实践。积极宣传中国声音，争取国际话语权是新时代中国发展的现实需要。此外，更具有深远意义的是，吸引外国留学生来华，不仅可以推动国家间的文化交流与友谊的巩固，更有利于我国大国形象的建立和中华文化的传播，培养"知华""友华"人士。目前，我国仍然面临着"大国弱语"的现实困境，中国声音在国际上仍然"不够响亮""西强我弱"

的格局仍然没有根本的改变，中国价值观长期失语。要打破现实困顿就需要向世界"传播好""解释好""展示好"中国价值观，让中国故事广为世界接受和理解，促进民心相通。

当前国内对留学生来华的研究主要分为以下三个方面：第一个方面的研究主要为宏观政策方面的考察；第二个方面的研究为对来华留学的现状的评价与政策建议；第三个方面主要从微观层面考察来华留学生的跨文化适应能力。

本书主要结合问卷调查、质性访谈相结合的方式，以中山大学、华南理工大学、暨南大学等七所广东省高校不同专业的留学生为例，共发放问卷700 份，回收率91.00%，有效率84.83%，其中，66.2%为"一带一路"沿线国家；并对该群体随机抽取 19 位来华留学生进行深度访谈，访谈对象均为来自包括乌兹别克斯坦、印度、刚果（金）等 12 个"一带一路"沿线国家。

本章研究结构安排如下：第一部分主要介绍研究背景及研究意义；第二部分主要回顾了社会化理论、留学生跨文化适应、留学生文化认同三个方面的现有研究和文化距离测算与研究；第三部分介绍了研究设计、框架、方法与实施；第四部分给出了主要的实证结果，结果表明，性别、获得奖学金、拥有中国亲戚、来华时间、中国朋友等影响来华留学生文化认同；第五部分为对策建议与展望。

一、研究缘起

全球化迅猛发展，我国社会经济实力不断提高，为主动应对与统筹国内外复杂多变的局势、实现共建共赢，我国提出"一带一路"倡议。2018 年新增60 多个国家和国际组织与我国签署"一带一路"合作文件，签署文件总数达到近 170 个。习近平总书记曾提出，"文明之间要对话、要交流""将'一带一路'建成文明之路"。2019 年 5 月，国家主席习近平指出，我们要加强世界上不同国家、不同民族、不同文化的交流互鉴，夯实共建亚洲命运共同体、人类命运共同体的人文基础。《粤港澳大湾区建设报告（2018）》分析称，粤港澳大湾区未来将成为"一带一路"建设的巨型门户枢纽和世界级经济平台、国际科技创新中心。粤港澳大湾区对发挥好"一带一路"倡议枢纽构建，进一步对外开放，国家的创新与变革起着重要的引领作用。

改革开放40多年，中国取得了举世瞩目的成就，世界各国努力推动与中国的经济合作。中国深度对接世界，全面对外开放，加强与沿线国家对话交流。不断进行文化重塑、更新观念、社会转型等文化改革以适应多元开放的国内外文化环境。当前，国际上仍然存在对华文化不了解的问题。作为一个和平发展的大国，中国承担着对世界和时代的使命与担当。新时代我国构建"人类命运共同体"下，积极宣传中国声音，争取国际话语权是新时代中国发展的现实需要。而来华留学教育是应对国内外复杂形势，构建全面对外开放格局重要战略布局中的重要方面，是民心相通的重要渠道。留学生群体来华学习，既是中国故事的承载者，也是中国故事的传播者。若留学生主动融入中国文化和讲好中国故事，可以形成对中国文化传播认知、践行的良性互动。来华留学生对中华文化的理解、尊重、认同，不仅有利于国家间的文化交流与友谊的巩固，更可以推动我国大国形象的建立和中华文化的传播。以"一带一路"倡议为重点推动形成全面开放新格局，来华留学生教育要适应国家发展大势，使命和责任更加重大。研究来华留学生对中国文化的认同十分重要。

国外学者研究留学生对本国文化的认同，国内现有研究主要着眼于留学生的跨文化适应，文化认同研究较少且多为综述类，实证分析匮乏；把文化适应和认同看作一个过程，着重探究留学生在不断适应中国文化这一过程中对中国文化的认同变化程度研究不够深入。

二、政策背景

（一）民心相通视角

意大利和中国都有着几千年的文明，两国交往历史由来已久，马可·波罗和古丝绸之路闻名于世。2019年3月，意大利总统孔特表示参与"一带一路"合作为意大利提供了增加对外经贸往来等多种机遇，并将在未来加强中意两国间的人文交流。孔特认为，应使文化和商贸有机融合，以文化为背景同时加强经贸往来。双方将签署的"一带一路"合作谅解备忘录将为稳固的意中关系描绘新画卷。"一带一路"建设的关键所在为"五通"，即政策沟通、设施联通、贸易畅通、资金融通、民心相通。民心相通是"一带一路"建设的社会根基。习近平总书记提出，要善于向世界讲好中国故事。一要寓思想于故事之中，提高中国故事的穿透力。二要加强中外合作，提升中国故事的传播力，让中国故事更多为国际社会和海外受众所认同。加强中外民众文化交流与心灵沟通，务实人文基础，拉紧人文纽带，推动民心相通。习近平总书记在阐释"一带一路"建设时也多次提到，"国之交在于民相亲，民相亲在于心相通"，多次强调要促进"一带一路"民心相通。"一带一路"互联互通、合作共赢的基础，在于语言沟通和文化认同。"一带一路"倡议提出 8 年来，中国与沿线国家围绕民心相通开展了多种多样的人文交流与合作，沿线民众加强沟通、增进了解与友谊，更加理解与支持"一带一路"建设。

目前妨碍中美新型大国关系构建最大的原因是中美之间缺乏战略互信，因此，加强中美人文交流非常必要。《留学中国计划》要求在 2020 年实现外国留学人员在国内达到 50 万人次的目标。《国家教育事业发展"十三五"规划》指出，"国家要设立'丝绸之路'中国政府奖学金。更好地发挥中国政府奖学金的引领作用，创新奖学金管理模式，加强精英人群培养"。

2013~2017 年来华留学生人数如图 7-1 所示。

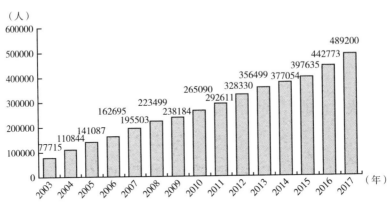

图 7-1　2013~2017 年来华留学生人数

庞大且日益增长的留学生是重要的精英阶层，起着桥梁的先锋作用。对留学生来说，是否认同留学国家的文化以及认同的程度直接关系其在留学国中学习和生活的适应情况。对我国来说，活跃在国际舞台上的"知华、友华、爱华"力量有助于我国展示友好共赢中国形象、广积人脉、提高我国政治地位与弘扬中华文化。因此，无论是从留学生的个人成长还是从一个国家的角度出发，文化认同问题刻不容缓。在人类命运共同体下，提高留学生文化认同对接"一带一路"沿线国家倡议人才需求，承担着时代使命，已成为我国教育界的最新课题。

与"一带一路"沿线国家签署教育协议情况如表7-1、表7-2所示。

表7-1　　　　与"一带一路"沿线国家签署学历学位互任协议情况

序号	国家	文件主要内容	文件涉及领域
1	捷克	关于开展学历学位互认合作的联合声明	学历学位互认
2	白俄罗斯	关于相互承认学历证书的协议	学历互任
3	吉尔吉斯斯坦	关于相互承认学历学位证书的协议	
4	亚美尼亚		
5	土库曼斯坦		学历学位互认
6	乌克兰	关于相互承认学历证书的协议	
7	哈萨克斯坦		
8	俄罗斯		
9	乌兹别克斯坦	关于相互成人高等教育学历证书（文凭）及学位的协议	学历学位互认
10	马来西亚		学历学位互认
11	菲律宾	关于相互成人高等教育学历和学位的协议	学历学位互认
12	泰国		
13	越南	相互承认学历学位协定	学历学位互认
14	蒙古国	关于恢复相互承认学历、学位证书协定及修订备忘录	学历学位互认
15	斯里兰卡	互相承认学位及其他教育证书相当的协议书	学历学位互认
16	埃及		
17	印度尼西亚		
18	拉脱维亚		
19	波兰		
20	立陶宛	相互承认学历学位协定	学历学位互认
21	爱沙尼亚		
22	匈牙利		
23	罗马尼亚		
24	保加利亚		

表 7 - 2 与"一带一路"沿线国家签署双边多边教育协议情况统计

序号	国家	文件主要内容	文件涉及领域
1	罗马尼亚	教育合作协议	
2	捷 克	2016～2019 年教育交流协议	
3	斯洛伐克	2016～2019 年教育合作计划	
4	保加利亚	2016～2019 年教育合作协议	
5	塞尔维亚	2016～2020 年教育合作计划	
6	匈牙利	关于匈中双语学校的合作备忘录	
7		2016～2018 年教育合作执行协议	
8	斯洛文尼亚	教育合作谅解备忘录	
9	白俄罗斯	教育合作协定（2015～2020 年）	
10		关于联合培养人才的备忘录	
11	吉尔吉斯斯坦	教育合作协议	
12	阿塞拜疆	2016～2019 年教育合作协议	
13	亚美尼亚		
14	摩尔多瓦		
15	格鲁吉亚	教育合作协议	教育领域合作
16	土库曼斯坦		
17	哈萨克斯坦		
18	乌兹别克斯坦	关于在撒马尔罕合作设立孔子学院的协议	
19	塔吉克斯坦		
20	乌克兰	教育合作协议	
21	俄罗斯		
22	俄罗斯	与莫斯科国立罗蒙诺索夫大学科研、教学和文化合作协议	
23		关于在俄罗斯联邦学习和在中华人民共和国学习俄语的协议	
24	印度尼西亚	高等教育合作谅解备忘录	
25		关于合作设立高教奖学金项目谅解备忘录	
26	马来西亚	高等教育合作谅解备忘录	
27	新加坡	教育交流与合作备忘录	
28		关于浙江大学与新加坡科技设计大学合作的谅解备忘录	

序号	国家	文件主要内容	文件涉及领域
29	文莱	高等教育合作谅解备忘录	
30	菲律宾	教育合作谅解备忘录	
31	泰国	教育合作协作	
32		关于加强在职业教育领域合作的谅解备忘录	
33	柬埔寨	教育合作协议	
34	老挝	2011～2016年教育合作计划	
35	越南	2016～2020年教育交流协定	
36	缅甸	教育合作谅解备忘录	
37	蒙古国	教育交流与合作执行计划	
38	印度	教育合作与交流计划	教育领域合作
39		国家汉办与印度中等教育委员会谅解备忘录	
40	巴基斯坦	教育交流与合作执行计划	
41	孟加拉国	教育合作谅解备忘录	
42	马尔代夫	教育合作协议	
43	以色列	中国教育部与以色列高教委高等教育合作谅解备忘录	
44	巴勒斯坦	中国和巴勒斯坦文化教育合作协定2017～2021年执行计划	
45	沙特阿拉伯	中国和沙特教育合作协定	

（二）粤港澳大湾区视角

粤港澳大湾区构建了较完备的创新体系，形成了各具特色的高水平大学"扎堆"聚集现象，成为全球高新技术发祥地。特别在吸引全球更多学子来华留学的趋势下，增进海外人士对中华文化的理解、尊重、认同和支持，助力国家战略功能，为全球经济增长与建设贡献中国智慧，提供中国方案（见表7-3）。

文化相融是粤港澳大湾区建设的重要一环。粤港澳三地着力厚植有利于创新的文化土壤，在讲好中国故事、推动中华文化走出去上发挥重要作用。

表7-3   "四大"湾区创新主体与创新成果比较

指标	粤港澳大湾区	东京湾区	旧金山湾区	纽约湾区
高校数量（所）	173	120	73	227
世界100强大学数量（所）	5	2	3	2
福布斯500强公司数量（家）	16	60	22	28
发明专利总量（万件）	19.37	—	5.55	—

资料来源：辜胜阻，曹冬梅，杨嵋．构建粤港澳大湾区创新生态系统的战略思考［J］．中国软科学，2018.

三、研究意义

党的十九大报告提出，要在2049年实现第二个百年奋斗目标，把中国建成一个综合国力和国际影响力领先的国家，"一带一路"沿线国家来华留学生教育成为我国在教育领域提升综合国力和扩大国际影响力的新引擎。同时，"一带一路"也为深化我国高等教育改革、从数量迈向质量、推动教育国际化提供了发展的契机和更多政策支持。

以习近平同志为核心的党中央把国际交流与合作创新性定义为大学的"第五项职能"，高校在来华留学生培养与管理中扮演着更加重要的角色。新时代我国构建"人类命运共同体"下，积极宣传中国声音。来华留学是应对国内外复杂形势，构建全面对外开放格局重要战略布局中的重要方面，是实现中外不同文明交流互鉴的重要方式，也是中国日渐开放包容的重要体现；是不断深化中外人文交流、提升国家软实力的重要载体，也是为国家重大战略提供国际人才支撑的重要途径。此外，更具有深远意义的是，吸引外国留学生来华，不仅可以推动国家间的文化交流与友谊的巩固，更有利于我国大国形象的建立和中华文化的传播，培养"亲华""爱华"人士。

第二节　相关文献研究

一、国内外相关研究

从国际组织相关数据报告进行分析，首先针对目前来华留学生的整体状况，认为影响国际学生流动的动力的首要因素是流动成本和交际关系网，而学费、教育支出、教育质量和声誉、教育认证、多边协议和质量保障体系以及移民政策等分别具有不同的作用（刘进，2018）；其次预测出国留学与来华留学规模的拐点即将出现，提出来华留学生教育应该从"规模扩张"到"提质增效"的转变；最后主要从微观层面考察来华留学生的跨文化适应能力，从不同国别与地区出发，针对来华留学的文化适应问题展开了问卷调查、访谈等实证方面的考察（孙进，2010；陈慧，2002）。

从以上历史、政策、动机、效果以及贡献进行研究后我们可以发现，留学生在华的经历以及中国对留学生的政策与中国的发展息息相关。关注更多落脚点在于来华留学生对中华文化的价值认同问题。"一带一路"倡议提出后，沿线国家和地区的留学生来华的热情日益提高，成为当地与中国双边关系，甚至多边关系的积极参与者，不仅可以将"一带一路"沿线国家和地区的文化价值观带给中国，也可以将中国的价值观带回去促进软实力方面的交流与合作潜力。

二、文献评述

综上所述，来华留学生的文化适应以及文化认同是一个持续的过程。一般来说，是在不断适应本土文化的过程中逐渐加深认同感。当前对于留学生文化认同的文献主要为综述类，加以实证的并不多；对于来华留学生文化适应程度的实证较多，但把文化适应和认同看作一个过程，着重探究留学生在不断适应中国文化这一过程中，认同变化程度的研究还不够深入。在粤港澳大湾区人才引进、经济和教育日益全球化的今天，伴随在华留学生人数的飞速增长，研究来华留学生对中华文化的认同意义非常。因此，本书基于社会化理论，通过实证着重研究来华留学生对中华文化认同的变化程度。

第三节　研究设计与实施

一、文化认同

简单地说，"文化认同"就是个体对某一文化的理解和认可，甚至是跟随。也即是人与人或人与某一群体的文化确认。在他国留学期间，不可避免会接触当地的文化，本书所调查的就是来华留学生对中华文化的接触、理解、学习、适应到认同这一动态过程。

二、文化距离相关测算及研究

闻亭（2009）在探讨不同文化习得水平与态度差异时，以"文化适应假说"为理论框架，研究得到文化距离远的学习者在态度上优于文化距离近的学习者的结论。王丽（2018）等学者在测量文化距离时提出，文化距离是影响学习者态度的重要因素。

文化距离以科格特和辛格和霍夫斯泰德的文化维度研究为基础展开。即：

$$CD_j = \sum_{in} \left[(I_{ij} - I_{ik}) 2V_i \right] n$$

其中，I_{ij}代表第 j 个国家的第 i 个文化维度指数；V_i代表第 i 个文化维度的方差；I_{ik}代表东道国的第 i 个文化维度指数；k 代表东道国；CD_j代表东道国 k 与 j 国之间的文化距离。根据此方法可算出各国与东道国之间的文化距离。

以广东省几所高校的留学生为例，通过问卷调查和访谈两个方法研究来华留学生的文化认同感的变化。问卷部分解决其对中国文化的认同感问题，将留学生对文化认同分为认知、情感和行为三个维度；访谈部分解决其行为变化的影响因素问题，了解留学生在中国对华文化的认同感看法。引入文化距离的概念，分析文化距离对文化认同的影响，通过对收集的数据进行系统分析，梳理留学生来华后的再社会化情况、对中国文化的认同现状以及行为变化的原因和结果，有利于提高我国留学生教育工作的质量、促进我国对外交流的工作。

三、文化距离

文化距离是心理距离的一个构成维度，测量方法来自 Hofstede 的量表。四个主要的差异维度为权利距离、不确定性规避、男性/女性主义和集体/个人主义。文化差异大小参考科加特和辛格（Kogut and Singh，1988）的方法进行计算，即：

$$CD_i = \sum_{k=1}^{4} \left[\frac{(I_{ki} - I_{kc})^2}{V_k} \right] / 4$$

其中，设 I_{ki} 为第 i 个样本国在第 k 个文化维度的数值；设 I_{kc} 为中国在第 k 个文化维度的数值；设 V_k 为所有样本国的第 k 个文化维度数值的方差。

四、调查问卷的编制

（一）初始问卷的编制

通过对以往相关资料的研究构想留学生文化认同的理论维度，按照对每个维度的理解，从内涵和外延出发，对维度进行有效扩展，每个维度细化出相应的问卷项目。根据这一原则，编制出包括 38 个项目的初始问卷。

1. 初始测量对象。选择 10 个留学生为对象，做小样本调查，情况如表 7 - 4 所示。

表 7 - 4　　　　　　　　初始测量对象分布情况

国籍	专业	性别	宗教
约旦	中文	女	伊斯兰教
约旦	中文	女	伊斯兰教
阿尔及利亚	商贸中文	女	伊斯兰教
俄罗斯	中文	女	基督教
沙特阿拉伯	电子信息工程	男	基督教
墨西哥	材料科学工程	女	无
伊朗	商贸中文	男	基督教
坦桑尼亚	中文	男	基督教
秘鲁	商贸中文	女	基督教
意大利	中文	男	基督教

2. 初始问卷项目分析。设计问卷，应尽量避免测量信度的欠缺所带来的随机误差以及因欠缺测量效度所导致的系统误差。本书沿用《来华留学生中华文化认同初始问卷》（楼冉冉，2017），该问卷依据留学生文化认同认知、情感和行为的三因子结构编制，具有良好信效度，但该量表存在有

时间的局限，无法全面把握留学生的文化认同情况。因而本书对于问卷设计题目将根据研究的不足以及本书研究目的对个别题目进行适当调整，得到初始问卷。

依据测验标准，项目的相关系数越大，其相关性越好，就越符合问卷设计要求。美国测量学家伊贝尔提出，相关系数在 0.4 以上的项目较好，在 0.2 ~ 0.4 之间的项目一般，在 0.2 以下的应该删除。

根据分析结果删除相关系数小于 0.2 的项目，即 X7、X10、X16、X17、X22 和 X23 并对剩下的 32 个项目进行因素分析（见表 7 - 5）。

表 7 - 5　　　　　　来华留学生中华文化认同初始问卷分析

项目	与总分相关	项目	与总分相关
X1	0.743 *	X20	0.730 *
X2	0.233	X21	0.528
X3	0.584	X22	0.051
X4	0.665 *	X23	0.025
X5	0.261	X24	0.723 *
X6	0.312	X25	0.223
X7	0.081	X26	0.259
X8	0.326	X27	0.806 **
X9	0.488	X28	0.783 **
X10	0.156	X29	0.430
X11	0.618	X30	0.204
X12	0.540	X31	0.458
X13	0.773 **	X32	0.693 *
X14	0.595	X33	0.795 **
X15	0.603	X34	0.428
X16	0.179	X35	0.822 **
X17	− 0.004	X36	0.754 *
X18	− 0.468	X37	0.686 *
X19	0.657 *	X38	0.561

（二）正式问卷的编制

1. 正式测量对象。以广东省几所高校的留学生作为调查对象，共发放问卷 700 份，收回问卷 637 份，回收率 91.00%，剔除无效问卷 96 份，有效问卷 541 份，有效率 84.83%。表 7-6 是调查对象的部分分布情况。①

表 7-6　　　　　　　正式问卷调查对象的基本情况

变量	水平	人数	百分比	文化认同得分
是否为"一带一路"沿线国家	是"一带一路"沿线国家	358	66.2	3.807
	非"一带一路"沿线国家	183	33.8	3.887
是否为发达国家	发达国家	90	16.6	3.823
	发展中国家	451	83.4	3.836
性别	男	273	50.5	3.852
	女	268	49.5	3.815
学历	本科生	475	87.8	3.826
	研究生	66	12.2	3.891
宗教	基督教	136	25.1	3.801
	伊斯兰教	123	22.7	3.884
	佛教	89	16.5	3.821
	其他	75	13.9	3.746
	无	118	21.8	3.834
是否获得奖学金	是	238	44.0	3.941
	否	303	56.0	3.750
是否有中国亲戚	是	156	28.8	3.995
	否	385	71.2	3.769
来华的时间	半年以下	124	22.9	3.899
	半年到一年半	83	15.3	3.812
	一年半到两年半	90	16.6	3.915
	两年半到三年半	80	14.8	3.737
	三年半以上	164	30.3	3.834

---

① 因为篇幅有限未展示调查对象国籍和专业情况，有需要了解的读者可联系笔者。

续表

变量	水平	人数	百分比	文化认同得分
中国朋友数量	没有	60	11.1	3.685
	1~2 个	124	22.9	3.741
	3~5 个	119	22.0	3.743
	5~10 个	85	15.7	3.919
	10 个以上	153	28.3	3.990
汉语水平	HSK3 级及以下	128	23.7	3.750
	HSK4 级	96	17.7	3.839
	HSK5 级	89	16.5	3.903
	HSK6 级及以上	45	8.3	3.959
	未参加过等级考试，可进行日常交流	183	33.8	3.825

2. 正式问卷项目分析。为了对正式问卷中的每一个项目进行质量分析，本书采用临界比分析法和相关分析法两种。临界比分析是以独立样本 T 检验所得结果为依据的。首先，将所得数据进行汇总，得出总分并将总分按照一定的顺序进行排序，高分为一组，低分为一组；总得分前 27% 为高分组，后 27% 为低分组；将属于高分组的被试者新增一个变量，赋值为 1，低分组新增一个变量，赋值为 2。对两组数据进行对比，剔除没有达到显著差异的题项。如表 7-7 所示，在正式问卷的 32 个项目中所有项目达到了显著性水平。

表 7-7　　　　　　来华留学生文化认同正式问卷项目分析结果

项目	与总分相关	项目	与总分相关
A1	0.340 **	A9	0.410 **
A2	0.366 **	A10	0.446 **
A3	0.512 **	A11	0.360 **
A4	0.452 **	A12	0.546 **
A5	0.514 **	A13	0.554 **
A6	0.357 **	A14	0.380 **
A7	0.336 **	A15	0.445 **
A8	0.372 **	A16	0.530 **

续表

项目	与总分相关	项目	与总分相关
A17	0.411 **	A25	0.559 **
A18	0.596 **	A26	0.399 **
A19	0.483 **	A27	0.511 **
A20	0.622 **	A28	0.617 **
A21	0.675 **	A29	0.672 **
A22	0.637 **	A30	0.673 **
A23	0.676 **	A31	0.562 **
A24	0.613 **	A32	0.585 **

（三）正式问卷的分析与检测

问卷的量表信效度分析。为了检验自编问卷的合理性，需要对该问卷进行探索性因子分析。

在进行因子分析之前，先要采用取样适当性指数 KMO（Kaiser-Meyer-Olkin）值和巴特利特球形检验（Bartlett test of sphericity）以确认变量是否适合用作因素分析。KMO 测度主要是比较观测变量之间的简单相关系数和偏相关系数的相对大小，KMO 值在 0.90~1 为最好，在 0.80~0.90 次之，在 0.70~0.80 之间为一般，小于 0.50 则不符合要求，不适合做因素分析。本书对数据进行了 KMO 值和巴特利特球形检验，确认变量是否适合进行因素分析。检验结果如表 7-8 所示。

表 7-8　　　　　　　　　　**KMO 和 Bartlett 球形检验**

Kaiser-Meyer-Olkin Measure of Sampling Adequacy.		0.931
Bartlett's Test of Sphericity	Approx. Chi-Square	7391.018
	df	496
	Sig.	0.000

检验结果显示，本书的 KMO 值为 0.931，大于 0.80，巴特利特球形检验的近似卡方值为 496，显著性水平为 0.000，小于 0.0001，说明数据适合做因子分析。

因子分析后共提取出 6 个因子。从表 7-9 中总方差解释表中可以看到，所提取的 6 个公共因子，累计贡献率是 56.819%，即这 6 个因子可以解释总体目标的大部分信息。

表 7-9　　　　来华留学生中华文化认同问卷因素分析结果

项目	成分						共同度
	1	2	3	4	5	6	
A31	0.660						0.542
A18	0.636						0.633
A22	0.618						0.481
A27	0.598						0.598
A20	0.587						0.663
A16	0.573						0.688
A21	0.546						0.639
A26	0.748						0.648
A23	0.496						0.521
A12		0.741					0.608
A13		0.701					0.470
A10		0.672					0.801
A11		0.634					0.734
A2		0.619					0.575
A3		0.587					0.701
A9		0.426					0.652
A32			0.747				0.588
A24			0.712				0.637
A19			0.694				0.705
A17			0.634				0.610
A28				0.663			0.603
A29				0.581			0.618
A25				0.577			0.685
A30				0.548			0.680

续表

项目	成分						共同度
	1	2	3	4	5	6	
A14				0.527			0.569
A15				0.506			0.593
A1					0.702		0.571
A4					0.665		0.739
A5					0.623		0.670
A6					0.537		0.635
A7						0.663	0.600
A8						0.614	0.739
特征值	4.425	3.485	3.341	2.848	2.448	1.634	合计
贡献率	13.829	10.892	10.442	8.899	7.651	5.108	56.819

第一个共同因素共有 9 个项目，该因子的特征值为 4.425，经正交旋转之后的方差贡献率为 13.829，其中，有大部分项目来自依据理论自编问卷的"行为"维度，因此，将该因子命名为"行为"。第二个共同因素共有 7 个项目，特征值为 3.485，经正交旋转之后的方差贡献率为 10.892，项目都来自问卷的"认知"维度，因此，将其命名为"认知"。第三个共同因素共有 4 个项目，特征值为 3.341，经正交旋转之后的方差贡献率为 10.442，3 个项目都来自问卷的"情感"维度，因此，将该因子命名为"情感"。第四个共同因素共有 6 个项目，特征值为 2.848，经正交旋转之后的方差贡献率为 8.899，其中，大部分项目来自问卷的"情感"维度，因此，将因子命名为"情感"。第五个共同因素共有 4 个项目，特征值为 2.448，经正交旋转之后的方差贡献率为 7.651，4 个项目都来自问卷的"认知"维度，因此，将该因子命名为"认知"。第六个共同因素共有 2 个项目，特征值为 1.634，经正交旋转之后的方差贡献率为 5.108，2 个项目都来自问卷的"认知"维度，因此，将该因子命名为"认知"。具体因子内涵如表 7 - 10 所示。

表 7 - 10   **来华留学生文化认同各因子的内涵**

维度	内 涵
认知	留学生对留学国家文化的认识、评价和体验以及对其文化的掌握程度
情感	留学生对待留学国文化的态度以及作为留学国文化的感受者，对留学生国文化的情感体验
行为	留学生在获取留学国文化上的积极程度以及其按照留学国文化行事和思维的可能性
留学生文化认同	留学生对留学国文化的认知、情感体验和行为倾向的综合反映

（1）信度分析。在众多文献有关数据中，使用 Cronbach's Alpha 信度系数对数据进行信度分析最为广泛，因而 Cronbach's Alpha 是目前应用最广的信度系数。

本书采用 Cronbach's Alpha 系数进行信度分析，在探索性研究中，Cronbach's Alpha 系数在 0.6 以上较可靠，0.8 以上十分可靠，低于 0.35 则必须予以拒绝。由表 7 - 11 可以看出，本次调研所采用的三个量表的数据 Cronbach's Alpha 取值分别为 0.858、0.871、0.862，表明数据的稳定性和一致性是十分可靠的。

表 7 - 11   **可靠性统计**

项目	克隆巴赫系数	项数
认知	0.858	13
情感	0.871	10
行为	0.862	9

（2）效度分析。效度即测量结果的正确性或可靠性程度。测量的效度越高，表示测量的结果越能显现其所欲测量内容的真正特征。效度的测量包括内容效度、校标效度和构建效度，本书只做构建效度分析，因子分析是检验建构效度最常用的方法。

在进行因子分析之前，先要采用取样适当性指数 KMO（Kaiser-Meyer-Olkin）值和巴特利特球形检验（Bartlett test of sphericity）以确认变量是否适合用于做因子分析。KMO 测度主要是比较观测变量之间的简单相关系数和偏相关系数的相对大小，值介于 0~1，值越接近 1，表示变量间的共同因素越多，变量间的净相关系数越低，越适合进行因子分析。巴特利特球形检验这个统计量则从检验相关矩阵出发，其原假设为相关矩阵是单位阵，如果不能拒绝假设，应该重新考虑因子分析的使用。一般情况下，因子分析的前提是样本数据值大于 0.7，各题项因子载荷系数大于 0.5，并且巴特利特球形检验计观测值较大，且其对应的相伴概率值小于给定的显著性水平。

表 7 - 12 为问卷中各量表的 KMO 测度和巴特利特球形检验结果，可以看出，本问卷三个量表数据的 KMO 值分别为 0.880、0.896、0.915，显著性概率（Sig.）均为 0.000，结果显著，因而结果可信。

表 7 - 12　　　　　　　　　　　KMO 和巴特利特球形检验

项目	Kaiser-Meyer-Olkin Measure of Sampling Adequacy.	Bartlett's Test of Sphericity		
		Approx. Chi-Square	df	Sig.
认知	0.880	2259.946	78	0.000
情感	0.896	2082.583	45	0.000
行为	0.915	1710.514	36	0.000

综合以上分析，本书将留学生文化认同分为认知、情感和行为三个维度，在此基础上编制的量表具有良好的信度和效度，可以作为留学生文化认同研究的测量工具。

五、访谈问题的设计

本书使用开放式访谈法是为进一步了解留学生在中国对华文化的认同感看法。访谈地点由留学生们与采访者共同协商决定，但是以尊重他们的决定为主。一般是在留学生宿舍外的咖啡店进行，以聊大的轻松氛围减轻被访谈者的紧张感。访谈前，访谈者将和受访者进行简单的关于天气、生活的寒暄，除了快速拉近与受访者之间的距离之外，还可以获得其一些基本情况，获得被访谈者的理解与配合。访谈时根据事先编定的访谈提纲，主要围绕留学生对于中国文化的看法，在华留学的感受变化，对中国文化的认识等进行询问，对每一个被访谈者的谈话时间预设为 30 分钟，从访谈情况来看，每个访谈者的时间在 30～60 分钟内。为了获取详细文字记录以及访谈后能够及时整理访谈内容，在访谈过程中，笔者除做了一定的笔记外，还在争得被访者同意后予以访谈全程录音。由于部分受访者中文水平有限，访谈过程中访谈人员会根据需要采用英文与受访者进行交流，并以中文形式做记录。访谈结束后立刻将访谈信息整理成文档。

（一）开放性编码

开放式编码（open coding）是对原始访谈内容进行概念化的一个过程，研究者带着"理论触觉"对被访者的关键语句语段给予概念化抽象化并命名。初始编码的范围较宽，之后会不断精简、缩小。范畴的命名可以根据已有的研究，也可以研究者自创。因而根据以上过程，对留学生来华后心理变化的过程进行了开放性的编码。

（二）主轴编码

开放式编码（axial coding）重在发现概念和范畴，主轴编码则是在前者的基础上更深层次挖掘和丰富，使编码更加严密，除此之外，主轴编码还要发现和建立范畴之间的联系，常见的关系有因果关系、先后关系、语义关系以及过程关系等。基于典范模式，本书对留学生来华后心理变化进行主轴编码。

（三）选择性编码

选择性编码（selective coding）是在开放式编码和主轴编码的基础上的最高级的编码，主要是围绕核心范畴，系统将不同的范畴之间的联系建立起来，验证他们的关系，并且不断将不完备的范畴补充完整的过程。

（四）受访者信息整理

受访者基础信息如表 7 - 13 所示。

表 7 - 13　　　　　　　　　受访者基础信息

序号	姓名	性别	国家	来华时间	学历	专业
1	乐某	男	乌兹别克斯坦	6 个月	本科	经济贸易
2	邵某某	男	白俄罗斯	4 年	研究生	新闻传播
3	米某某	男	印度	9 个月	本科	西医学

续表

序号	姓名	性别	国家	来华时间	学历	专业
4	亚某	男	印度	6个月	本科	西医学
5	卡某	男	巴基斯坦	6个月	研究生	材料工程
6	奥某	女	刚果（金）	8个月	本科	中文
7	丹某	女	墨西哥	2个月	本科	中文
8	哈某某	男	沙特阿拉伯	6年半	本科	信息工程
9	柏某某	男	沙特阿拉伯	7年半	研究生	电气工程
10	扎某	男	美国	2个月	本科	计算机
11	范某某	女	越南	3年	本科	汉语国际教育
12	王某	男	孟加拉国	3年半	研究生	软件工程
13	金某某	男	哈萨克斯坦	3个月	本科	体育教育
14	叶某某	女	泰国	4个月	本科	汉语国际教育
15	李某某	女	泰国	4个月	本科	汉语国际教育

六、研究假设

Y1：来华留学生中华文化认同水平在性别上存在差异。

Y2：来华留学生中华文化认同水平在学历上存在差异。

Y3：获得奖学金的来华留学生对中华文化的认同水平高于未获得奖学金的来华留学生。

Y4：来华留学生中华文化认同水平在中国朋友数量上存在差异。

Y5：来华留学生中华文化认同水平在家庭背景异质下存在差异。

Y6："一带一路"沿线国家来华留学生中华文化认同水平高于其他国家来华留学生的文化认同水平。

Y7："一带一路"沿线国家来华留学生中华文化认同水平在来华时间上存在差异。

Y8：来华留学生中华文化认同水平在文化距离上存在差异。

第四节　研究结果

一、问卷分析

（一）描述性统计分析

1. 样本国家分布情况（见图 7 - 2、图 7 - 3）。

在我国大力实行"一带一路"倡议的同时，有大批留学生来到中国接受中国的高等教育，本次调研的结果显示，样本来自"一带一路"沿线国家的学生较多，占 66%，非"一带一路"沿线国家的学生仅占 34%。与此同时，样本来自发展中国家的学生超过八成（83%），发达国家的学生占 17%。整体来看，调研对象顺应我国"一带一路"倡议，为研究"一带一路"背景下的来华留学生对中华文化的认同提供了极大的可信力。

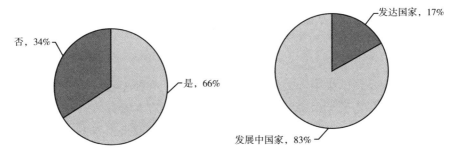

图 7 - 2　是否为"一带一路"沿线国家　　图 7 - 3　是否为发达国家或发展中国家

2. 样本基本情况（见图 7 - 4、图 7 - 5）。

本次调研以来华在校留学生为调查对象，在被调查对象中，男性占 51%，女性占 49%，男女比例均匀，其中，在校的本科生占总数的 88%，研究生为 12%，整体呈逐级递减的趋势，基本符合各年级大学生在校分布情况。

总体来说，调查对象性别分布较为平均，所属学校、专业及年级分布合理，为下面数据分析结果的代表性奠定了坚实的基础。

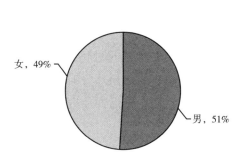 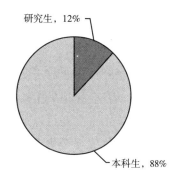

图7-4　调查对象的性别情况　　　图7-5　调查对象教育背景情况

3. 研究对象来华动因情况（见图7-6、图7-7）。

如图7-6所示，在被调查对象中，无奖学金的学生居多，占比56%，而有奖学金的学生占来华留学生的44%，且被调查对象大多无中国亲戚，占总人数的71%，其中，有中国亲戚而来华的学生占总数的29%。

可以看出，我国留学生奖学金激励政策对吸引外国留学生来华学习的作用较大，同时有部分学生在没有收到奖学金的同时仍然因为其他因素选择前来中国。也有小部分学生是受到中国亲戚和其他影响因素影响。

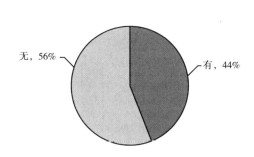 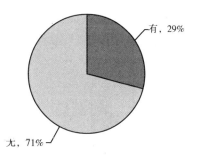

图7-6　调查对象有无奖学金情况　　　图7-7　调查对象有无中国亲戚情况

4. 研究对象来华情况（见图7-8、图7-9）。

从调查对象来华情况来看，被调查对象来华时间在3年半以上的居多（30.30%），半年以下（22.90%）及1年半到2年半（16.60%）分别次之。几乎有80%的对象都已经在中国生活超过半年，因此，本书的数据非常有可信力和代表性。中文水平方面，虽然没有参加过等级考试，但是可以用中文进行日常交流的学生居多，占 33.80%，低于三级（23.70%）和四级（17.70%）占绝大多数，极少数为六级及以上，仅占 8.30%。

由图 7-9 可知，绝大部分学生都已经在中国超过半年，30.30% 的学生已经在中国生活超过了 3 年半及以上，这是一段非常长的时间，其价值观一定会在长时间的社会化里发生改变。大部分被调查对象虽然没有参加过等级考试，但是中文水平已经可以达到日常交流的状态，为后面研究他们对中国的文化认同以及价值观变化有很大的帮助。

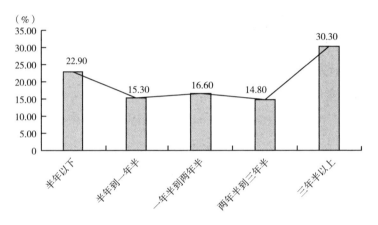

图 7-8　调查对象来华时间

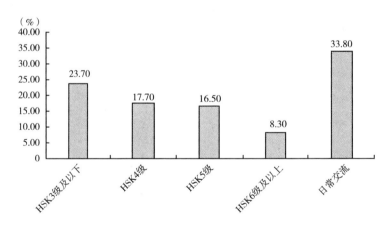

图 7-9　调查对象中文情况

如图 7-10 所示，调查对象的信仰分布比较均匀，大部分为信仰基督教（25.10%）、伊斯兰教（22.70%）和无宗教（21.80%），而佛教（16.50%）

可能因为调查对象的国家分布原因，较其他宗教更少。大部分被调查对象的
中国朋友数量维持在大于10人这一范围内，占总人数的28.30%，然后为
1～2人（22.90%）及3～5人（22%），整体主要为多于1～2人的朋友。
结果显示，被调查对象大多有不同的宗教信仰，其宗教信仰在对其中来华生
活的影响将会在后面探讨。其中国朋友数量基本都维持在1～2人及以上，
最多的超过10人，说明调查对象在中国和中国朋友相处融洽，受影响深远
（见图7-11）。

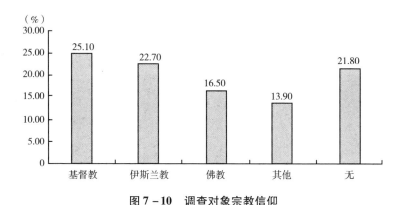

图7-10　调查对象宗教信仰

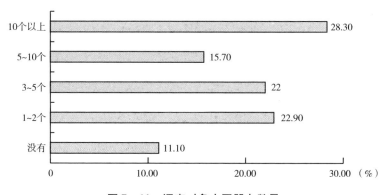

图7-11　调查对象中国朋友数量

　　如表7-14所示，在来华留学生选择来华的原因中，首先是汉语言的魅
力，留学生在众多原因中更倾向于学习中文，"我想来学习中文"题目得分
4.22，表示同意该原因。来华留学生选择来华的原因中分最低的是"我有移
民来中国的计划"，仅为2.88，表示留学生来华原因并不是移民。其次留学

生来华原因是体验国外生活，得分为 4.08，表示同意该说法。总体情况来看，留学生来华的原因是学习中文和体验国外生活。

表 7 – 14   问卷中来华留学生选择来华的原因

原因	均值	原因	均值
我想来学习中文	4.22	我想来体验国外生活	4.08
中国有较高的教育水平	3.87	亲人朋友的推荐	3.70
我有移民来中国的打算	2.88	中国有留学奖学金的支持	3.62
对中华文化的向往	3.58	我想在中国工作	3.37

将 541 个样本划分为"一带一路"沿线国家和非"一带一路"沿线国家后比较发现，两组国家的留学生来华原因不太一致。"一带一路"沿线国家组的来华留学生选择来华原因得分从高到低分别是："我想来学习中文""我想来体验国外生活""中国有较高的教育水平""亲人朋友的推荐""中国有留学奖学金的支持""对中华文化的向往""我想在中国工作""我有移民来中国的打算"。非"一带一路"沿线国家组的则为："我想来学习中文""我想来体验国外生活""中国有较高的教育水平""对中华文化的向往""亲人朋友的推荐""中国有留学奖学金的支持""我想在中国工作""我有移民来中国的打算"（见表 7 – 15）。

表 7 –15   "一带一路"沿线国家和非"一带一路"沿线国家组统计量

来华原因	N	均值	来华原因	N	均值
我想来学习中文	358	4.21	我想来体验国外生活	358	4.13
	183	4.23		183	4.00
中国有较高的教育水平	358	3.95	亲人朋友的推荐	358	3.77
	183	3.72		183	3.57
我有移民来中国的打算	358	2.92	中国有留学奖学金的支持	358	3.72
	183	2.80		183	3.44
对中华文化的向往	358	3.59	我想在中国工作	358	3.34
	183	3.58		183	3.43

"一带一路"沿线国家对中华文化的向往排在较后，而非"一带一路"沿线国家则排在较前。数据表示，来华留学生选择来中国留学的原因主要

是想学习中文、体验国外生活，亲友推荐和中国教育水平较高。因此，可以继续传播我国汉语言的魅力吸引更多的国外学生前往中国交流和学习（见图 7-12）。

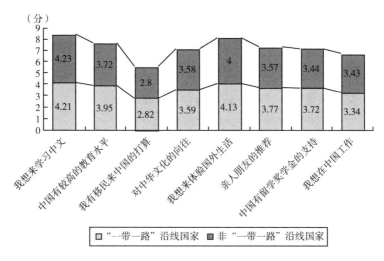

图 7-12　来华留学生的来华原因

（二）来华留学生中华文化认同在性别上的差异

从表 7-16 可以看出，男、女留学生在文化认同的平均得分在 3.454～4.013，处于中等偏上水平，说明男女留学生有较高的文化认同水平，但女留学生的文化认同水平（3.780 分）低于男留学生（3.824 分）。因此，男留学生的文化认同水平总体上高于女留学生。其中，认知、情感和行为三因子的得分排列依次是：情感＞认知＞行为，说明男、女留学生对待中华文化中，情感因子作用最高，认知总分次之，行为因子评价最低，表明男、女留学生的行为决定受中华文化的影响较小。

表 7-16　　　　来华留学生中华文化认同在性别上的差异分析结果

因子	性别	N	M	SD
认知	男	273	3.851	0.659
	女	268	3.871	0.646
情感	男	273	3.992	0.704
	女	268	4.013	0.707

因子	性别	N	M	SD
行为	男	273	3.630	0.796
	女	268	3.454	0.775
文化认同	男	273	3.824	0.618
	女	268	3.780	0.606

（三）来华留学生中华文化认同在学历上的差异

由表 7 - 17 可知，不同学历的来华留学生在对文化认同上不存在差异。因而假设 Y2 不成立。

表 7 - 17　　　　来华留学生中华文化认同在学历上的差异分析结果

因素名称	组别	均值	标准差	t 值	显著性
文化认同	本科生	3.795	0.616	- 0.736	0.462
	研究生	3.854	0.583		

（四）来华留学生中华文化认同在奖学金上的差异

从表 7 - 18 中可以看出，获得奖学金的来华留学生在文化认同及其各因子的平均得分在 3.640 ~ 4.129，处于中等偏上水平，说明来华留学生对中华文化存在较高的认同水平。未获得奖学金的留学生的文化认同及其各因子的平均得分在 3.467 ~ 3.903，同样处于中等偏上水平，说明未获得奖学金的来华留学生对中华文化存在较高的认同水平，但明显低于获得奖学金的来华留学生，因而假设 Y3 成立：获得奖学金的来华留学生中华文化认同高于未获得奖学金的留学生。其中，认知、情感和行为三因子的得分排列依次是：情感 > 认知 > 行为。

表 7 - 18　　　　来华留学生中华文化认同在奖学金上的差异

因素名称	是否获得奖学金	N	M	SD
认知	是	238	3.957	0.647
	否	303	3.785	0.647
情感	是	238	4.129	0.683
	否	303	3.903	0.707

因素名称	是否获得奖学金	N	M	SD
行为	是	238	3.640	0.772
	否	303	3.467	0.796
文化认同	是	238	3.909	0.595
	否	303	3.718	0.613

（五）来华留学生中华文化认同水平在家庭背景异质下的差异

从表 7-19 可以看出，有中国亲戚的来华留学生在中华文化认同水平和其他各因子的平均得分在 3.769~4.130，处于中等偏上水平，说明有中国亲戚的来华留学生有较高的中华文化认同水平。没有中国亲戚的来华留学生的中华文化认同水平和其他因子的平均得分在 3.452~3.951，也处于中等偏上水平。但有中国亲戚的来华留学生的各项因子得分都高于没有中国亲戚的留学生，因而假设 Y4 成立：来华留学生中华文化认同水平在家庭背景异质下存在差异。其中，认知、情感和行为三因子的得分排列依次是：情感 > 认知 > 行为。

表 7-19　来华留学生中华文化认同水平在家庭背景上的差异分析结果

因素名称	是否有中国亲戚	N	M	SD
认知	是	156	3.984	0.622
	否	385	3.811	0.658
情感	是	156	4.130	0.664
	否	385	3.951	0.715
行为	是	156	3.769	0.713
	否	385	3.452	0.802
文化认同	是	156	3.961	0.582
	否	385	3.738	0.613

（六）来华留学生中华文化认同水平在中国朋友数量上的差异

由表 7-20 可知，没有中国朋友的来华留学生对中华文化的认同水平与其他有中国朋友的来华留学生的均值差都小于 0。有 1~2 个中国朋友的来华留学生的中华文化认同水平与有 5 个以上的中国朋友的来华留学生的均值差都小于 0，分别为 -0.196*、-0.257*。有 3~5 个中国朋友的来华留学生的中华文化认同水平与有中国朋友的来华留学生的均值差小于 0。有 5~10 个中国朋友的来华留学生的中华文化认同水平与有 10 个以上中国朋友的来华留学生均值差为 -0.061，小于 0。有 10 个以上中国朋友的来华留学生与其他选项的相比均大于 0。

表 7-20　　　"一带一路"沿线国家留学生中国朋友数量
在文化认同水平的差异分析结果

检验方法	（I）中国朋友数量	（J）中国朋友数量	均值差（I-J）
LSD	没有	1~2 个	-0.047
		3~5 个	-0.047
		5~10 个	-0.243*
		10 个以上	-0.304*
	1~2 个	没有	0.047
		3~5 个	0.001
		5~10 个	-0.196*
		10 个以上	-0.257*
	3~5 个	没有	0.047
		1~2 个	-0.001
		5~10 个	-0.196*
		10 个以上	-0.257*
	5~10 个	没有	0.243*
		1~2 个	0.196*
		3~5 个	0.196*
		10 个以上	-0.061
	10 个以上	没有	0.304*
		1~2 个	0.257*
		3~5 个	0.257*
		5~10 个	0.061

数据表明，来华留学生对中国文化认同的评价在拥有中国朋友数量上存在差异，假设 Y4 成立。总体情况是，拥有中国朋友数量越多的来华留学生对中国文化的认同就相对越高。

（七）"一带一路"沿线国家来华留学生中华文化认同的总体状况

为了更深入地了解目前来华留学生中华文化认同情况，本书对 541 份问卷收集的有效数据进行了系统的分析，其中，来自"一带一路"沿线国家的受调查者共有 358 个。

由表 7 – 21 所示，"一带一路"沿线国家来华留学生中华文化认同总体平均分为 M = 3.778（M > 3），标准差 SD = 0.621，总体上得分处于中等偏上。其中，各文化因子的比较是：情感 > 认知 > 行为。

表 7 – 21　　　来华留学生中华文化认同及其各因子的平均数和标准差

项目	调查数		认知	情感	行为	文化认同
"一带一路"沿线国家	358	平均值	3.832	3.970	3.533	3.778
		标准差	0.649	0.724	0.793	0.621

可见，在来华留学生文化认同的各个维度中，情感这一因子的平均值最高，说明大多数来华留学生对中国存在感情，例如会为自己在中国留学的经历感到自豪。从情感与来华留学生文化认同程度的相关系数中可以看出，两者呈现显著的正相关。也就是说，来华留学生情感程度越高，其文化认同的程度就越高。相对而言，中华文化认同水平越高的来华留学生，对中华文化的认知也越高。

在留学生文化认同的维度中，"一带一路"沿线国家来华留学生得分在情感之后的是认知因子。作为来华留学生中华文化认同维度之一的认知因素，对留学生文化认同的认知维度与来华留学生文化认同进行相关分析可发现，留学生认知因子与其文化认同程度存在显著的正相关，说明留学生对待中华文化的认知态度越积极，其文化认同越高。

（八）"一带一路"沿线国家来华留学生文化认同水平在来华时间上的差异

从表 7 – 22 中看出，"一带一路"沿线国家的留学生来华半年以下文化认同的平均分与来华 1 年半到 2 年半的均值差为 – 0.015，小于 0。来华半年到 1

年半的留学生文化认同的平均分与来华半年以下的均值差为 − 0.084，小于 0。与来华 1 年半到 2 年半的均值差为 − 0.099，小于 0。来华 1 年半到 2 年半的留学生文化认同的平均分与其他选项的相比都大于 0。来华 2 年半到 3 年半的留学生文化认同的平均分与其他来华时间段的均值差都小于 0。来华 3 年半以上的留学生与来华 2 年半到 3 年半的均值差为 0.074，大于 0。从中说明，"一带一路"沿线国家来华时间半年以下的留学生对中国文化认同的水平较高，随着时间的增加，来华留学生的文化认同水平会出现小低谷式下降。直到适应中国环境后，来华留学生对中国文化认同的水平会慢慢上升。来华时间超过 3 年半的"一带一路"沿线国家留学生对华文化认同的评分较低。来华留学生对中国的文化认同评分会受个体跨文化适应水平影响，葛勒豪（Gullahorn）认为，文化适应过程是呈"W"形曲线（见图 7 – 13），大致表现为六个阶段——蜜月期、危机期、恢复期、适应期、返回文化休克阶段和再度社会化阶段。

表 7 – 22　　　　　"一带一路"沿线国家留学生来华时间
在文化认同水平的差异分析结果

检验方法	（I）来华时间	（J）来华时间	均值差（I − J）
LSD	半年以下	半年到 1 年半	0.084
		1 年半到 2 年半	− 0.015
		2 年半到 3 年半	0.160
		3 年半以上	0.086
	半年到 1 年半	半年以下	− 0.084
		1 年半到 2 年半	− 0.099
		2 年半到 3 年半	0.076
		3 年半以上	0.002
	1 年半到 2 年半	半年以下	0.015
		半年到 1 年半	0.099
		2 年半到 3 年半	0.175
		3 年半以上	0.101
	2 年半到 3 年半	半年以下	− 0.160
		半年到 1 年半	− 0.076
		1 年半到 2 年半	− 0.175
		3 年半以上	− 0.074

续表

检验方法	（I）来华时间	（J）来华时间	均值差（I-J）
LSD	3 年半以上	半年以下	-0.086
		半年到 1 年半	-0.002
		1 年半到 2 年半	-0.101
		2 年半到 3 年半	0.074

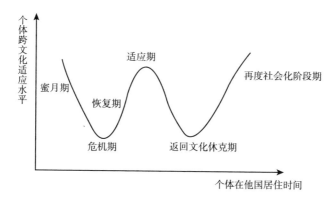

图 7-13　葛勒豪的"W"形曲线

二、访谈分析

（一）来华动因分析

主要可以分成三类：第一，对中国文化有兴趣，想来华学习；第二，为了到中国挣钱而选择来华留学；第三，学习成绩好被作为交换生来华留学。

"想要学习新事物。朋友之前就在中国学习中文，在其介绍下对中文和中国文化产生浓厚的兴趣，并决定来中国学习"。

"喜欢中文，我想要学中文。所以我认为，来中国留学是一个学习中国文化很好的方式。想来中国丰富自己的人生阅历"。

"为了可以在中国边读书边工作（有关贸易工作，现已在中国工作）因成绩特别好，由国家安排到中国上大学，学费（28000 元）和生活费（4000元）都由国家支付，每学年都有奖学金"。

来华留学生中华文化认同范畴化如表 7-23 所示。

表7-23 来华留学生中华文化认同范畴化

案例	定义现象	概念化	范畴化
我知道有三个地区的人住在这里，广东人、客家人和潮州人。他们有不同的文化和习俗，特别是广东人住在更好的地方，他们更喜欢工作。客家人很多住在山上，潮州人更擅长经商。（a1）	a1 了解不同地域的居民特质	A1 人文文化	
来中国之前就已经学习了中文，大体上了解了中国文化，连方言都很了解。中国的文化跟我们国家的文化完全不同。（a2）	a2 认识到中华文化与本国文化的差异性		AA1 认知
太极拳、少林寺、李小龙……我表慕他，我很喜欢这些。（a3）	a3 认识部分中国文化结晶及名人		
中国和刚果之间存在着时差。中国人习惯一日三餐，但是在非洲我们一天吃一餐或者两餐。（a4）生活方式有很大的不同。我们过去常在6～8点起床。我们8点吃早饭。这里是七点人点吃早饭。我们行下午2点吃午饭，晚上8～10点吃晚饭。这就是区别。（a4）	a4 中外饮食时间上有差异性	A2 风俗习惯	
印度人在早上洗澡，起床后先折裤，再洗澡，再吃早饭，而很多中国人在晚饭后洗。（a5）	a5 作息习惯上存在差异性		
在墨西哥，他们通常问候的话是说"你最近过得怎么样?"，他们不会讨论吃饭的问题，不会去问别人吃饭的问题。但是在中国，人们会问"你吃了吗?"，丹妮觉得这样的问候方式非常有趣。（a6）	a6 人际交往存在差异		
更了解了现在中国社会各个方面的东西，例如快递、外卖、淘宝，在国外感受不到这些，到中国可以感受到生活中各个方面的创新。（a7）	a7 对中国印象的改观	A3 信息获取	

续表

范畴化	概念化	定义现象	案例
AA1 认知	A4 国家形象	a8 学习新技能	我学会了泡茶，我还学会了用筷子吃东西。（a8）
		a9 留学生眼中的中国是友好、安全、发达的大国	我觉得现在两国合作关系走到了巅峰，白俄罗斯现在对中国免签了。这一点可以说明双方关系是很好的。（a9）我觉得非常方便，中国的快递行业在世界上应该是最发达的。这里没有争斗，十分安全，没有亲美亲欧，而且中国对外开放。（a9）很喜欢中国，虽然人很多，但是地铁很干净，而且还有空调，与墨西哥有有很大差别。（a9）
AA2 情感	A5 正面情绪	a10 中国的许多城市、建筑都对留学生有吸引力	我特别喜欢广东、文化、历史比较特殊。我也很喜欢北京，我去过长城，我很喜欢旅游。我去过北京、天津、哈尔滨、上海、苏州、广州、重庆……，我现在也数不清了。（a10）中国的建筑，传统的建筑设计和现代风格我都喜欢。（a10）
		a11 中国的文化对留学生有吸引力	来了中国以后我学到了很多东西，包括中国的习俗，中国人的生活方式。我对这些很感兴趣。（a11）
	A6 负面情绪	a12 语言问题成为留学生融入中国社会的重要阻碍	与别人在聊天的时候，很多人用中文和我说话，我看不懂，所以我要点击、翻译，再用英语回复，再转换成中文发给对方，所以我觉得这不太方便，太浪费时间了对我来说。（a12）中国人经常在淘宝上买东西。语言是不同的，我们正在学习中文。我们的中文是很好，我们在淘宝上买东西会遇到困难。（a12）

续表

案例	定义现象	概念化	范畴化
我没有中国朋友。我自己很努力地学习说中文，我不是一个喜欢出门的人，我经常待在宿舍。有些中国人表现的让我觉得很受伤，因为我表现的长相非常难的。他们的长相相差这样的，他们会觉得我是一个典型的老外，不会中文。要是我想跟一些中国人交流或者是交朋友，要认真融入中国人的圈子是非常难的。我的中文说得很好吗？这样我会说"哇！你会说中文呀！"这会让我融入去还是有点点困难呀。要在这边待久了以后我会觉得很孤单，我的父母也不在这边。这让我感觉到很孤独，即学习中文。中国人似乎不喜欢来自非洲的"黑人"。有时候我放在意中国的原因，我尝试把我的注意力放在我来中国的原因。（a13）	a13 外貌上的差异让留学生觉得被中国人排挤。	A6 负面情绪	AA2 情感
中国人吃饭非常的有规律，食堂几点到几点吃，我非常不习惯。因为我今天午饭可能2点钟吃，第2天午饭12点吃，2点钟边的食堂已经关闭了。我得慢慢改我的习惯，这也不会有什么冲突。（a14） 我在美国吃东西的时候，我更习惯用刀叉，用刀去切鸡块方便，但是在中国，我必须学会用筷子，去吃鸡，非常不方便……我讨厌它，不过现在已经习惯了，我必须要学会用筷子。（a14）	a14 生活方式渐渐"中国化"	A7 生活方式	AA3 行为
我适应了。我在使用淘宝，我的朋友也有帮助我。（a15） 我会经常在淘宝上买东西，我们国家有类似的平台，但是没有淘宝这么大、这么方便的平台，没有这么统一的平台。（a15）	a15 消费重心从线下消费逐渐向线上转移	A8 消费习惯	
我不太了解中国的政治和政策。我来到中国以后真切感受到中国的环境。我通过阅读书籍、上网了解了一点点中国的政治……我想了解一点点中国的政治。（a16）	a16 通过不同渠道试图去了解中国的国情	A9 政治环境	
会碰到这些话题。但是我觉得他们这些外国人会希望我们这些外国人从我们的角度去评价中国的制度，这个我也理解。（a17）	a17 与中国人谈论政治的意愿不强烈		

（二）访谈结果分析

各节点关系比较如图 7-14 所示。

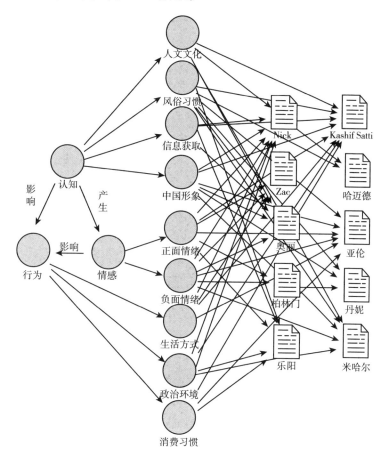

图 7-14   各节点关系比较示意

在认知方面，留学生对中国特有的一些文化代表比较熟悉，也充满兴趣。在风俗习惯差异方面被提及最多的是饮食方面，然后是作息。除了个别因为宗教原因（如伊斯兰教不吃猪肉）之外，大部分留学生都会乐意逐渐适应中国人的饮食作息。在新信息获取方面，根据词频分析，被提及较多的是微信（93%）、淘宝（77%）、快递（62%），这三个对象是被受访者提起最多并且去理解接受的"中国特有现象"。另外，留学生对中国的大国形象认可度较高，中国开放包容、安全、发达的形象深入留学生内心。

在情感方面，根据图7-15与图7-16可以看出，在日常生活，尤其是人际交往方面，留学生的负面情绪高于正面情绪。其中，语言问题被每一位受访者提起，并被认为是阻碍他们融入华人社会的第一要因。另外，肤色、样貌、身材也让留学生认为是其受到"排挤"的重要原因。在谈及这个话题是，大部分受访者都表现出沮丧，认为"中国学生都很害羞"、自己"不被中国学生接受"，甚至有部分受访者认为"中国人很讨厌我们"。让留学生表现出积极情感倾向主要集中在旅游以及中国的传统节日方面。

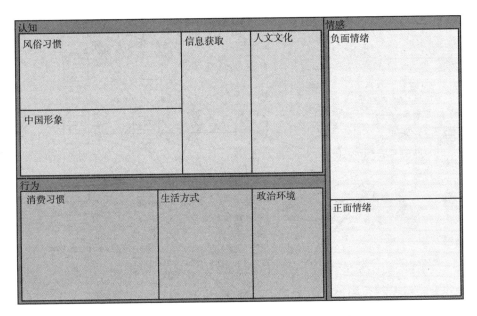

图7-15　来华留学生认知—情感—行为层次

在行为方面，虽然融入当地学生社交圈存在一定困难，绝大多数受访者还是表示正在积极改变自己的行为习惯，使自己尽可能地表现得更加"中国范"。值得一提的是，其中一位受访对象在访谈接近尾声的时候主动请客购买饮料与调查员分享，并说这是"在中国对待朋友表示友好的方式"，这与我们认知中喜欢"AA制"的外国人形象不同。大部分受访者都表达过同样的意愿："希望自己可以像一个普通的中国学生在学校生活、交朋友。"

由于问卷投放地点较分散以及人手不足，发放的问卷回收较少，仍然有大部分问卷成功发放到广州、珠海、深圳等城市未及时回收。另外，访谈样本量也需要进一步扩充。

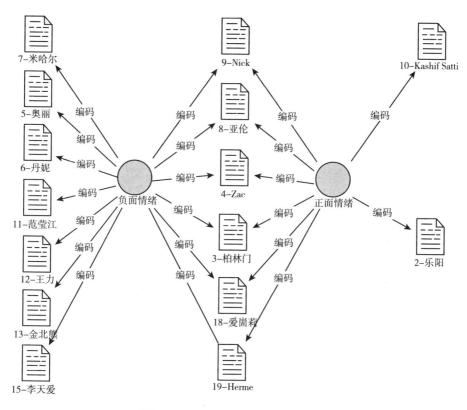

图 7 - 16　正面—负面情绪比较示意

第五节　结论与建议

一、结论

1. 获得奖学金的来华留学生的中国文化认同水平较高。通过对是否获得奖学金与来华留学生文化认同水平进行分析，可得获得奖学金的来华留学生对中国文化的认同感越高。相对于推拉理论所得出的吸引留学生到西方学习的"较高教育质量"，本书发现，吸引"一带一路"沿线国家留学生来中国学习更为显著的因素是"中国的迅速发展及未来前景""华人华侨寻根"以及"奖学金"的驱动力。

2. 来华留学生中华文化认同水平在家庭背景异质下存在差异。通过对来华留学生中华文化认同和其他各因子的平均得分的测量，可得有中国亲戚的来华留学生对中华文化认同的水平高于没有中国亲戚的来华留学生对中华文化的认同水平。这主要是由于大多数家中有中国亲戚的留学生在家庭环境中有较浓厚的中国氛围，他们可能从出生就开始接触中国文化，在来华前就对中国文化有了一定程度的认知和了解。可见，在来华前接受有关中华文化的教育可以提高留学生对中华文化的认同感，因而要加大中华文化在国际上的传播力度。

3. "一带一路"沿线国家来华留学生中华文化认同分数较高。在"一带一路"倡议下，我国建立了较为完善的来华服务和就业的法规政策体系，形成较为完善的政策链条。通过对调查问卷数据进行系统分析，得到"一带一路"沿线国家来华留学生的中华文化认同总体平均分较高。

4. "一带一路"沿线国家来华留学生的中华文化认同水平在来华时间上存在差异。"一带一路"沿线国家来华留学生的中华文化认同水平随来华时间变化而不同，呈现"W"形的认同感变化周期。刚来中国的留学生（来华时间为半年以下）对中国事物充满好奇，此时的文化认同水平较高，处于初始最高点。随着时间的增长，在对本国和中华文化冲击中感到不适应，此时处于危机期，对待中国文化的认同水平下降到最低点，形成一个凹状的谷。危机期以后来华留学生会逐渐恢复情绪，认识了解到文化的共性和可爱之处，因而对中华文化认同水平上升。

访谈过程中，部分受访者表示自己在本国吃饭时更习惯用刀叉，但在中国会尝试用筷子。可见，随着来华时间变长，来华留学生对文化上的不理解渐渐表现出更多的包容。此外，在访谈中可总结出：来华留学生虽然对中国的某些行为习惯不太理解，但只要其不触犯自己的宗教信仰都会试图去模仿遵循，让自己的行为比较"中国范儿"，让自己更加融入中国的社会环境，主动去学习中华文化。

综上所述，认知是认同、情感和行为的基础，认同是在认知基础上发展起来的，没有认知就谈不上情感和行为，更不会对其产生认同。只有来华留学生掌握了一定的中华文化知识，才会对中国文化产生感情，积极主动地探索中华文化，进而对其产生认同感。另外，留学生学习目的的需要促进了其对中华文化的认同。对中华文化的不断适应更有利于来华留学生在中国进行专业知识的学习，这一学生身份在一定程度上促使他们自觉地提高对中华文化的认知水平。

二、建议

具有中国情怀和国际视野的来华留学生是许许多多中国故事的主人翁，他们眼中的中国和口中的中国比大众传播的中国有可能更让人信服。本书希望通过来华留学生讲好中国故事，让全世界青年了解当代中国，了解中华文化，理解中国主张。基于本书的研究，提出以下具体建议。

1. 精准培养，发放高水平奖学金，提升国际人才培养与国家战略需求的契合度。

本书的出发点之一在于"国家投入大量的资金吸引来华留学生，其政策是否真正有效？"利益因素是否是影响留学生"中国观"的有效变量是本书研究的一个创新之处。中国经济快速增长、来华留学生的奖学金投入力度不断加大，本书用获得中国政府奖学金这一指标来衡量利益因素带给留学生对中华文化的认同的影响。结果发现，获得中国奖学金的确是吸引一部分留学生来中国留学的重要原因，而且获得奖学金的留学生在交友等社交性活动中比其他留学生更活跃。根据此结果，我们知道，奖学金对留学生具有积极的吸引作用，因此，提出以下建议。

建议一：学校和政府可以在有限的、合理的范围内，继续提高奖学金发放比例，这将会吸引更多的高质量留学人才前来就学，同时可以解决一些贫困留学生的食宿问题，增加其"亲华""近华"感受。

建议二：国家应围绕外交战略布局，配合高级别人文交流机制，设立相应的人文交流奖学金。

建议三：中国政府及高校可以在发放奖学金的同时增加一些"附加条件"，例如在校定期交中国学习报告等，通过此类附加条件筛选出真正有理想、有能力、对中华文化有兴趣的外国留学生。万不可一味追求来华留学生的数量而盲目提高金额与比例，导致"钱多人才少"的不良后果。

2. 根据留学生背景异质变量，展开针对性、规范性的管理与教学。根据数据分析的研究结果，来华留学生的中国文化认同水平受到个体背景异质差异的严重影响，因此，在对留学生进行教学时，要有针对性，不能实行"一刀切"方法。

建议一：在对留学生是否有中国亲戚的测量的差异中，有中国亲戚的来华留学生对中国文化认同的水平高于没有中国亲戚的来华留学生，说明亲情对留学生的文化认知水平影响较大。有中国亲戚的来华留学生因为和亲戚接触较多，对中国了解更加深入，其汉语水平和中华文化归属感都较一般学生更强。因此，在教学和管理中，高校应该积极充当留学生与中华文化之间的桥梁，并着重考虑关注没有中国亲戚的来华留学生群体。学校和社团可以举办群体派对（party）或多种形式的文化活动，并邀请中国亲戚参加，以加大交往面；也给没有中国亲戚的留学生提供一个更好地接触和了解中华文化平台的机会，从而增强来华留学生的中华文化归属感，提高对中华文化的认同。

建议二：在对来华留学生的中华文化认同在性别上的差异进行分析时发现，男留学生的文化认同水平高于女留学生，这可能由于男学生更活泼开放，而女学生羞于表达、较为保守内敛的原因。因此，在教学和管理中要特别关注女留学生的文化认同情况，增加一些女留学生感兴趣的知识，提高其学习中华文化的主动性。主动邀请女生们参加各式中国校园活动，在活动中促进学生们的交往，继而提高其对中华文化的认知水平。

3. 提升留学生汉语水平，拓展在华社交圈。在对来华留学生的中华文化认同在中国朋友问题上差异进行分析时发现，来华留学生的中华文化认同与中国朋友数量呈正相关，甚至出现了"刚来到中国很不适应，但是因为交到很多中国朋友而受到他们热情的影响，慢慢对中国的印象改观了"的情况。许多留学生的性格比较乐观阳光，也乐于与中国人交朋友。遗憾的是，尽管大部分留学生都拥有至少一个中国朋友，他们最主要的交际圈依然是留学生群体。

建议一：重视留学生汉语水平，开设专门课程以帮助他们了解中华文化、提高汉语水平，破解语言障碍，以便更好地与中国学生对话。采取多元化的教学方式，提高教师授课技巧，强调教授汉语等中华文化的深度和广度，扩大留学生对中华文化及风土人情的知识面，增进对中华文化的理解。强化跨文化传播意识，在保持中华文化主体意识的同时，开放包容，和而不同。在促进留学生对中华文化的接受和认可、激发与中国同学交往的热情的同时，避免留学生在与中国学生的交往中引起不必要的误会。

建议二：高校对留学生的区别对待限制了留学生与中国学生的交往机会，阻碍了留学生更好地融入中国的同学圈子，在华社交圈的扩展能在一定程度上提高留学生的跨文化适应能力和文化认同。许多活动虽然是面向全校学生的，但是其消息传播受限于中外学生宿舍、教学分层，加之对汉语水平和中华文化了解高要求更加制约了留学生的参与。高校应该通过在社团工作上鼓励、接纳留学生成为社团干事等为留学生与中国学生交往创造机会，也应大力支持留学生参与社团、班级活动等中国学生聚集的校园活动，来增强与中国学生的文化交流，更要提倡与同龄伙伴、班级同学、共同爱好的中国学生交往并建立友谊。来华留学生通过与中国学生的深入交往，立体全面地接触中华文化、生活习惯，进一步提高汉语能力，提升对中华文化、中国社会的认同感。

建议三：考虑到学习中文的难度和大部分留学生的中文水平，我国高校也要强化英文教育能力，增加英文授课课程和范围，推动教学语言的国际化。鼓励中外学子共同上课，提升高校国际化水平。

建议四：在与留学生交流中发现，部分留学生表达了在中国校园和社会中受到不少区别待遇。在"一带一路"、对外全面开放背景下，中国学生应该更加积极主动，转变观念，融入国际化浪潮，以正确的态度去对待不同人种、不同国籍的留学生。更好地接纳、对待这些留学生，让留学生群体真正地融入中华文化氛围之中，无疑可以提升留学生对中华文化的接受与认同，对中华文化产生归属感。同时，也可以提高中国学生的文化自信，可以让渗透在社会生活中的中华文化更好地传播，让博大精深的中华文化发扬光大。

4. 构建完整的来华留学链条，打造"留学中国"品牌。

建议一：访谈发现，许多留学生在来华前对中华文化了解甚少，甚至毫不知情，或者不能正确认识中国及中华文化。作为文化古国和发展大国，虽然在文化和经济发展空间方面具有很大竞争优势，但如何充分利用"一带一路"强大的号召力与雄厚的经济、政治、文化实力，创新文化传播形式，传播中华文明，促进民心相通还需进一步加强。在宣传国际招生的同时，借助海外的电视、网站、杂志、广播等媒体，展现吸引人的中国古今文明、特色中华教育和特色中华文化，帮助外国学生及其家长了解到更加全面立体的中国。善于从申请系统到申请服务中都浸润着中国文化的特点，要善于利用特别感兴趣的形式，例如中国功夫、中国熊猫、中国长城等形象，传递出中国和谐、安全、发展的社会文化环境，拉近留学生来华前的心理距离。

建议二：中国经济水平、发展潜力和国际地位的提高是吸引留学生来华的重要因素，相当比例的留学生希望在中国获得就业的机会。现北京、上海等地率先推动优秀来华留学生在京沪就业、创业，但来华留学生毕业后在华就业仍有诸多阻碍，这让来华留学的价值大打折扣，建议进一步拓展政策适用范围。重视留学生的就业需求，积极配合有关职能部门出台的《关于允许优秀外籍高校毕业生在华就业有关事项的通知》，及时通过有效的途径向留学生传达与就业、实习等相关的信息，逐步打通实习就业渠道。高校有针对性地将职业规划工作和就业引导工作覆盖到留学生群体，为留学生开设实习、就业指导课程和讲座，帮助有意愿在华工作的留学生申请工作签证。针对在华期间不能工作的现状，任课教师不应忽视就业、创业能力的培养，更应在日常教学中加强对留学生的职业规划引导。同时，相关部门也应将工作覆盖留学生群体，为留学生开展就业讲座、招聘会；帮助指导留学生获取在华实习、就业签证。

建议三：建立专项资助项目强化国内高校或者培训机构对归国留学生的跟踪和关注，把校友工作作为传播中国文化、传播中国声音的重要渠道。例如，可以委托已经毕业归国的留学生参与面试新申请到中国学习的学生，甚至重视他们的推荐信，把他们的推荐意见作为来华留学奖学金的重要参考。提升留学生对来华留学经历的荣誉感和使命感，也为吸引更多优秀人才广植厚土。

5. 把握留学生群体认同水平"W"形周期性变化，针对不同阶段采取措施。针对来华留学生心里归属感及文化认同的不同变化阶段，学校应该采取不同阶段分化管理的模式。

建议一：初期目标应为指导来华留学生正确了解中华文化，帮助融入学校的学习和新的文化氛围之中。刚到中国，对中华文化肯定存在理解的偏差和偏见，应理解包容。在教学与生活中，针对留学生对中国固有的刻板印象和误解进行专门讲解和具体展示，纠正错误认识，引导留学生正确地理解、认识和对待中华文化。同时尽可能改善学生在华学习期间的学习、居住、后勤服务等各个环节的服务，帮助适应新环境。也应积极组织文化活动使留学生可亲身接触中华文化，与更多中国同学建立友谊，激发留学生学习中华文化的积极性。

建议二：中期注重留学生内心体验，帮助留学生度过"危机期"。首先要提高留学生汉语听说读写的能力，了解更多中华文化背景知识，懂得中国社会规范和交际规则，使自己尽可能社会化。其次要多举行心理研讨会、心理辅导以及写信倾诉等活动，同时辅导员与班主任也要多与学生谈心，鼓励来华留学生说出自己对生活和学习的困惑与不满。留学生教师及管理人员对于留学生课堂内外传达出的各种信息善于收集并能做出正确分析，帮助留学生解决学习、生活的实际困难，为加快完善留学生管理与教学机制提供有效信息资源。诸如"留动中国——在华留学生阳光运动文化之旅"中国政府奖学金生的"感知中国"等文化体验活动仍是提升留学生内心归属感和文化认同的有效方法。但应注意留学生活动总体设计不能停留在单一表现形式上，缺乏实质内容。"危机期"正是中外文化的磨合期，如果文化活动对留学生来源国文化进行深入挖掘，中外结合，必能提升留学生参与的积极性。

建议三：后期旨在帮助其更充分了解中华文化，学习中国特色社会主义、社会主义核心价值观，培养其传播中华文化的能力。注重提高留学生汉语水平和表达能力，运用讲座、课程等方式专题性帮助留学生深入学习中华文化，使留学生能够知华、友华、爱华，提高教授中华文化的能力。

6. 有效组织专门力量开发相关的理论课程和实践课程，体现"中国特色"，讲好中国故事。不少留学生反映了解中华文化的主要途径是课堂教学，教师是他们最直接的传道授业解惑者，课堂传播中华文化的重要性不言而喻。而且留学生们对中国政治、外交的认知普遍匮乏，这在一定程度上影响了来华留学生对中国主张的理解。习近平总书记认为，要善于向世界讲好中国故事，让中国故事广为世界接受和理解，促进民心相通。要让留学生对中国故事理解得更加透彻，留学生需要对中国的传统文化、政治、外交的知识具有一定的了解。因此，要逐步增设一些与中国政治、外交有关的课程，以适应来华留学生培养的新需求。而且，任何与留学生教育服务相关的人员都肩负着传播中国声音、展现"四个自信"的重任，做到"三全"育人。

建议一：在公平考虑留学生专业及汉语水平下，高校固定开展中英文形式结合的社会主义核心价值观的公共讲座及课程。把对外国留学生而言神秘难懂的中国特色社会主义、中国历史、中国政治体系等以专题讲座的形式进行诠释。根据留学生特点，将理论联系实际，运用案例分析，对比分析等手法，生动解释中国特色社会主义的特点，并对学生提出的问题，进行了正面且积极的解答。积极有效地介绍社会主义核心价值观理念，深入浅出地把习近平总书记提出的人类命运共同体的思想背后深厚的历史文化传统解释好。邀请学生畅谈中外价值观，帮助更好地理解中外文化。在师生交流互动中，把中国传统儒家"大同"思想、求同存异、以和为贵等思想对中国历代政治外交政策的影响讲深讲透，用生动的例子来讲述历代中国"强而不霸、富而不霸"的事实以及历代优秀政治家的政治价值追求和治国理政信条。在开放包容、畅所欲言的氛围之中，引导留学生正确认识中国，了解中国特色社会主义的本质和内涵。

建议二：国内高校之间也可就留学生培养加强沟通、资源共享、优势互补、不断探索联合培养等多种合作形式。例如，广东外语外贸大学留学生院以中华文化为内核，中国特色社会主义为依托，在 2018 年 5 月举办了粤高校中外学生价值观对话会，并与暨南大学、华南师范大学相关专家、留学生发表主旨演讲，探讨全球人类命运共同体构建等话题。该系列交流活动使留学生收获满满，也被评为广东省高校校园文化建设优秀成果特等奖。借鉴试点成功的高校交流会的经验，扩大范围，把更多高校留学生教育工作有机统一起来。让留学生同学了解中国主张，共同讲好中国故事，传播好中国声音。

建议三：改进课堂教学，摈弃教材中过于说教的内容，与时俱进，让课堂充满浓郁中华文化氛围，在专业学习之外增加更多留学生急切需求的信息，例如交通、中国重大事件、法律法规等。使广大来华留学生既能对中国传统文化有所了解，又能知晓中国当代的文明成果。多元文化汇聚于此，更要优化教学模式，避免课堂的单向灌输式教学，采用留学生们喜闻乐见的方式，教师通过各类教学法增强师生互动，向着"学生为主体"发展。教师与留学生充分交流理解，指导、答疑解惑。削减流于表面、形式化的课题流程，创设课堂情景，增加中华文化课堂上留学生的提问和发言的机会，提高与中国学生交流的能力，变单纯的语言教育、知识教育为"文化浸润式教育"，提升课堂质量，让留学生多方位接触中国文化，为来华留学教育质量建设提供内生动力。

7. 统筹策划学生在校学习期间的活动策划，升级培养理念，达到知行合一。

建议一：善于统筹学生在校期间开展的各种活动，让各项活动成为学生感悟、体验中华文化的平台，不断鼓励留学生在校期间通过不同的方式向不同的群体去讲述中国的变化。例如，定期举行视频书信比赛，主题是向留学生家长介绍中国所在城市的特点以及他们学习生活的体会，通过奖项设置提高留学生参与率。在中国进行学习，将自己的中国生活沉淀、演绎，形成自己的中国故事，传播到世界各地。

建议二：组织中国国情教育活动，让留学生与党员教师、基层干部近距离接触，共同学习交流中国共产党的光辉历程、中国40余年改革开放所取得的辉煌成就以及所面对的各种挑战。听取基层干部已往精准扶贫的切身经验和体会以及所取得的成绩，更深入地了解中国省份因地制宜的发展理念和行之有效的措施和做法。通过"知行合一"的方式，把中国发展的经验教授给留学生，也为他们自己国家的建设提供借鉴。从长远受益角度激发留学生全面了解中国，学习、认知、接受、认同中华文化。

附　　录

中文版问卷

来华留学生对中国的文化认同问卷

您好！我们是广东外语外贸大学的学生，正在进行一项关于来华留学生对中华文化认同感的问卷调查，本问卷实行匿名制，所有数据只用于统计分析，请您放心并按照自身情况填写。感谢您的合作，祝您生活愉快！

一、您的基本情况

请在符合您情况的选项上划"√"或在空格处填空。

您的国籍	
您所就读的专业	
您的性别	1. 男　2. 女
您的学历	1. 本科生　2. 研究生
您的宗教	1. 基督教　2. 伊斯兰教　3. 佛教　4. 其他　5. 无
是否有获得来华留学奖学金	1. 是　2. 否
是否有中国亲戚	1. 是　2. 否
您来华的时间	1. 半年以下　2. 半年到1年半　3. 1年半到2年半 4. 2年半到3年半　5. 3年半以上
您的中国朋友数量	1. 没有　2. 1~2个　3. 3~5个　4. 5~10个　5. 10个以上
您目前的汉语水平	1. HSK3级及以下　2. HSK4级　3. HSK5级　4. HSK6级及以上 5. 未参加过等级考试，可进行日常交流

本次调查的调查对象是来华留学生。如果您是，请您认真阅读下面表格中的每个句子并确保读懂。同时，根据您对该句的认同程度，选择相应的选项（1~5 的程度逐渐增加，1 表示很不同意，5 表示很同意）。

请确保您的选择真实有效。非常感谢您的配合！

二、您选择来华留学的原因	很不同意————————→很同意				
	1	2	3	4	5
我想来学习中文					
中国有较高的教育水平					
我有移民来中国的打算					
对中华文化的向往					
我想来体验国外生活					
亲人朋友的推荐					
中国有留学奖学金的支持					
我想在中国工作					

三、我认为以下词语可以代表中华文化	很不同意————————→很同意				
	1	2	3	4	5
孔子					
和而不同					
仁爱					
瓷器					
书法					
竹子					
火锅					
移动支付					
丝绸之路					
以和为贵					
集体主义					
尊老爱幼					
长幼有序					

续表

四、您对中华文化的认同	很不同意────→很同意				
	1	2	3	4	5
我认为中华文化历史悠久					
我认为中国人的生活方式很好					
我知道很多有关中国传统节日的知识					
我认为汉语很有意思					
在中国我有很强的归属感					
别人说我汉语说得好时，我感到很高兴					
我依据中华文化行事					
我与中国人相处融洽					
来华留学后，我看问题习惯从中国人的视角出发					
我会主动向我身边的人介绍中华文化					
在做自我介绍时，我很乐意提到在中国留学的经历					
我喜欢过中国的传统节日					
我愿意选择中国人为恋爱或结婚对象					
我喜欢中国学校的文化社团并积极参与社团活动					
我认为中华文化是世界文化中的瑰宝					
我认为中华文化对世界起着重要的作用					
我愿意去保护和传承中华文化					
毕业后，我想继续留在中国					
我为在中国留学的经历感到自豪					
五、来中国以后，对中国的印象变化	变差→没变→变好				

英文版问卷

Questionnaire of foreign students' recognition of China

Hello! We are students of Guangdong University of Foreign Studies (GDUFS), who are conducting a survey on foreign students' recognition of China. This questionnaire is anonymous, and all data is only used for statistical analysis. Please be assured and completed in accordance with your own circumstances. Thank you for your cooperation and best wishes to you!

I. Your basic situation

Please mark "√" in the options that match your situation or fill in the blanks in the space.

Your nationality	
The major you study	
Your gender	1. male　2. female
Your educational background	1. Undergraduate　2. Postgraduate
Your religion	1. Christian　2. Islam　3. Buddhism 4. other　5. no
Whether to get a scholarship to study in China	1. yes　2. no
Whether to have a Chinese relative	1. yes　2. no
The time to came to China for the first time	1. Less than half a year 2. Half a year to a year and a half 3. One and a half to two and a half years 4. Two and a half to three and a half years 5. More than three and a half years
The quantity of your Chinese friends	1. no　2. 1~2　3. 3~5　4. 5~10　5. More than 10
Your current level of Chinese	1. HSK level 3 or below it　2. HSK level 4 3. HSK level 5　4. HSK level 6 or above 5. Have not participated in the grade test, but can do daily communication.

The object of the survey is to foreign students in China. If you are, please read every sentence in the following form carefully. At the same time, According to your degree of recognition of the sentence, choose the appropriate option

(1 − 5 degree gradually increased, 1 means strongly disagree, 5 means strongly agree).

Please make sure your choice is true and effective. Thank you very much for your cooperation!

Ⅱ. The reason you choose to study in China	strongly disagree →strongly agree				
	1	2	3	4	5
I want to study Chinese					
China has a high level of education					
I have plans to immigrate to China					
Yearning for Chinese culture					
I want to experience life abroad					
Recommended by friends and family					
China has the support of scholarships for studying abroad					
I want to work in China					
Ⅲ. I think the following words can represent Chinese culture	strongly disagree →strongly agree				
	1	2	3	4	5
Confucius					
harmonious yet different					
Kind-heart					
porcelain					
calligraphy					
bamboo					
Mount Everest					
Hot pot					
Mobile payment					
Great Wall					
Silk way					
Harmony is the most important					
collectivism					
respect the old and cherish the young					
respect for seniority					

Continue

IV. Your recognition of Chinese culture	strongly disagree →strongly agree				
	1	2	3	4	5
I am very interested in Chinese culture					
I know Chinese culture very well					
I think Chinese culture has a long history					
I think the Chinese way of life is very good					
I know a lot about Chinese traditional festivals					
I think Chinese language is very interesting					
I often speak Putonghua or Chinese dialects					
I care about the attitude of others towards China. When someone praises, I feel happy and when criticize, I feel sad					
I have a strong sense of belonging in China					
I am very happy when others say that I speak Chinese well					
I act according to Chinese culture					
I am getting along well with the Chinese					
After study in China, I used to look at the issue from the perspective of Chinese people					
I will initiative to introduce Chinese culture to people around me					
When I introduce myself, I am happy to mention the experience of studying in China					
I like Chinese traditional festivals					
I am willing to choose Chinese as a love or marriage partner					
I like the cultural clubs of Chinese schools and actively participate in club activities					
I think Chinese culture is a treasure in world cultures					
I think Chinese culture plays an important role in the world					
I am willing to protect and inherit Chinese culture					
After graduation, I want to stay in China					
I am proud of my experience studying in China					
V. After I came to China, my impression of China changed	worse →never chaged →better				

访谈提纲

第一部分

基本信息：国籍、来华时间、专业、宗教、对中国的了解程度、来华动因。

Your nationality	
The major you study	
Your gender	1. male 2. female
Your educational background	1. Undergraduate 2. Postgraduate
Your religion	1. Christian 2. Islam 3. Buddhism 4. other 5. no
Whether to get a scholarship to study in China	1. yes 2. no
Whether to have a Chinese relative	1. yes 2. no
The time to came to China for the first time	1. Less than half a year 2. Half a year to a year and a half 3. One and a half to two and a half years 4. Two and a half to three and a half years 5. More than three and a half years
The quantity of your Chinese friends	1. no 2. 1~2 3. 3~5 4. 5~10 5. More than 10
Your current level of Chinese	1. HSK level 3 or below it 2. HSK level 4 3. HSK level 5 4. HSK level 6 or above 5. Have not participated in the grade test, but can do daily communication

第二部分

（一）认知

1. 中华文化。

（1）在中国生活，是否更了解中国的人文文化？

（2）刚来中国，最不习惯的事情是什么？

（3）来到中国学到了什么？

2. 外交政策。

（1）请问你目前对中国与贵国之间的外交政策看法如何？

（2）会影响你对中国的想法吗？

（二）情感

1. 颇感兴趣。

有没有对中国的什么地方是特别感兴趣的？

2. 难以理解。

在中国生活的日子有没有什么是你不能理解或者比较讨厌的？

（三）行为

1. 生活方式。

（1）在中国生活期间，有没有发现自己与周围人们有很不一样的地方？

（2）有没有做过习以为常的事情，却被同学误会？

2. 消费习惯。

（1）来到中国后，有没有在购买东西前问过同学们意见？

（2）有没发现和中国学生不一样的习惯？

（3）刚来中国的时候，有没有很不适应中国的消费环境？

（4）中国与您本国消费最大差别是什么？

3. 政治环境。

（1）有没有与同学或老师讨论过中国的政治或社会议题？

（2）通过什么样的大众媒体了解中国的政治环境？

Cognition：

1. Chinese culture.

（1）Do you know more about Chinese culture in China?

（2）What is the most unaccustomed thing when you first come to China?

（3）What did you learn from China?

2. forcign policy.

（1）What is your current view of China's foreign policy with your country?

（2）Will it affect your idea of China?

Emotion：

1. quite interested.

Are there any places that are particularly interested in China?

2. Difficult to understand.

（1）Is there anything you can't understand or hate in the days of living in

China?

Behavior：

1. way of life.

（1）During your life in China, have you found that you are very different from the people around you?

（2）Have you ever done something you take for granted, but misunderstood by your classmates?

2. consumption habits.

（1）After coming to China, did you ask your classmates before buying something?

（2）Have you found any habits different from Chinese students?

（3）When I first came to China, was it very hard to adapt to China's consumption environment?

（4）What is the biggest difference between China and your own consumption?

3. political environment.

（1）Have you discussed with Chinese classmates or teachers about China's political or social issues?

（2）What kind of mass media can know China's political environment?

部分访谈案例呈现

案例一

第一部分：基本信息

个人信息：乐某，男，乌兹别克斯坦人，来中国不到半年，信仰伊斯兰教，未参加过等级考试，可进行日常交流，现在华南理工大学学习经济贸易专业，大一学习中文，大二开始学习专业知识。

来华动因：他想学习中文，并且发展得很好，他想来中国学习知识。他的国家较为贫穷，他来中国学习可以获得奖学金。他想去长城、上海旅游。

对中国了解程度：他认为自己不太了解中华文化。

第二部分

（一）认知

1. 中华文化。

在中国生活，是否更了解中国的人文文化？刚来中国，最不习惯的事情是什么？来到中国学到了什么？

来中国之前我不太了解中国的文化。来了中国以后我对中华文化有了一点点的了解。我看了很多中国电影，在电视、新闻、社交媒体上学习了中华文化。我信奉伊斯兰教，我不吃猪肉，平日里吃牛肉、羊肉。一开始因为语言不通而且较不适应遇到了很多问题，但是现在我慢慢适应了，也能够解决遇到的问题。中国人和我们国家的人民生活方式存在很多差异。我习惯了之前的生活方式，并且在中国保留了自己原本的生活方式，但是我也熟悉并且能够习惯中国人的生活方式。来了中国以后我学到了很多东西，包括中国的习俗、中国人的生活方式。我对这些很感兴趣。

2. 外交政策。

请问你目前对中国和贵国之间的外交政策看法如何？会影响你对中国的看法吗？

由于第一年到中国学习，并不熟悉外交政策，不会影响对中国的看法。

（二）情感

1. 颇感兴趣。

有没有对中国的什么地方是特别感兴趣的？

我没有去过很多地方，来了广州以后只去过广州塔。如果有时间的话，我会去一趟北京、杭州。

2. 难以理解。

在中国生活的日子有没有什么是你不能理解或者比较讨厌的？

我比较不能理解的是，我遇到很多中国学生一开始交流时没有问候语，例如"how are you"之类的，这是我不能理解的地方。我没有讨厌的事情。

（三）行为

1. 生活方式。

在中国生活期间，有没有发现自己与周围人们有很不一样的地方？有没有做过习以为常的事情，却被同学误会？

我对俄罗斯语不太熟悉，但是我的室友们都会说俄罗斯语，说不好俄罗斯语让我感觉很害羞，有一点尴尬，我应该掌握得更好才对。

2. 消费习惯。

来到中国后，有没有购买东西前问过同学们意见？

是的。因为他们中的一些人已经在这里几年了，他们知道的比我多得多。他们教我如何在中心市场购物，如何去像地铁中心这样的地方。他们给了我很多信息。我通常听取他们的意见。

刚来中国的时候，有没有很不适应中国消费环境？

我注意到的是这里的在线消费。我们对此并不熟悉。我们通常不会在淘宝之类的地方买东西。我有这方面的信息，但在我们国家没有这样的公司，因为我们国家的人喜欢自己去购物，用他们的眼睛来确定他们是否喜欢。你可以触摸它，你可以通过试它来知道是否适合你。我们国家人口很少，几百万人，所以我们可以自己去。那里的生活方式不像这里那样快。

中国与本国消费最大差别是什么？

中国发展得更好，有更多的机会，在中国我可以尝试很多不同的事物。我没有中国同学，因为上中文课的都是和我一样的外国人。当我有问题去询问老师的时候，老师会尽可能地解释，而且还会教给我更多的知识。

3. 政治环境。

有没有与同学或老师讨论过中国的政治或社会议题？

我们没有中国同学。因为我正在学习汉语课程，中国学生不学中文，只有像我这样的外国学生。所以没有讨论。我的老师尽量解释我们的问题，不仅仅是解释，还会告诉我们其他的信息。

通过什么样的大众媒体了解中国的政治环境？

我不太了解中国的政治和政策。我来到中国以后真切感受到中国的环境。我通过阅读书籍、上网了解一点点中国的政治。

案例二

第一部分：基础信息

个人信息：邵某，白俄罗斯人，来中国 4 年多，很久之前开始学习中文，本科在白俄罗斯学习语言学专业，现是华南理工大学研究生，学习新闻传播专业。他表示自己的适应能力很强，且在中国生活过一段时间。

来华动因：他表示自己学过中文，喜欢中华文化，喜欢中国的语言，不仅是普通话，更精彩的是中国的方言。

对中国了解程度：他去过中国很多城市旅游，对中国文化较为了解，很喜欢中国的文化。

第二部分

（一）认知

1. 中华文化。

在中国生活，是否更了解中国的人文文化？

我在白俄罗斯上大学时，室友全部都是中国人。所以我觉得我在来中国之前就已经学习了中文，大体上了解了中华文化，方言都很了解。中国的文化跟我的国家的文化完全不同。

刚来中国，最不习惯的事情是什么？

都可以，都差不多。我觉得也没有什么不习惯的东西，我的适应能力很强。我之前有在东北住过一段时间，在北京也待过一段时间。

来到中国学到了什么？

更了解了现在中国社会各个方面的东西，例如快递、外卖、淘宝，在国外感受不到这个，到中国可以感受到生活中各个方面的创新。

2. 外交政策。

请问你目前对中国与贵国之间的外交政策看法如何？会影响你对中国的想法吗？

我觉得这个问题问得有点宏观。我的国家是小国，面积方面比不上广东省，人口比不上广州市。我觉得现在两国合作关系走到了巅峰，现在是最好的，白俄罗斯现在对中国免签了。这一点可以说明两国关系还是很好的。毕业以后我不一定会留在中国工作，看情况吧！

（二）情感

1. 颇感兴趣。

有没有对中国的什么地方是特别感兴趣的？

我特别喜欢广东，文化、历史比较特殊。我也很喜欢北京，我去过长城，我很喜欢旅游。我去过北京、天津、哈尔滨、上海、广州、苏州、重庆……很多很多，我现在也数不清了。

2. 难以理解。

在中国生活的日子有没有什么是你不能理解或者比较讨厌的？

这边的气候我比较不喜欢。因为我是来自北方，早上、晚上对我来说非常热，来这边以后我发现这里真的真的非常热，我受不了。但也不会因为这个就想回去。

（三）行为

1. 生活方式。

在中国生活期间，有没有发现自己与周围人们有很不一样的地方？

现在年轻人都差不多嘛。中国人吃饭非常有规律，食堂几点到几点开放，我非常不习惯。因为我今天午饭可能 2 点钟吃，第 2 天午饭 12 点钟吃，下午 2 点钟这边的食堂已经关闭了。我得慢慢改我的习惯，这也不会有什么很大的冲突。

有没有做过习以为常的事情，却被同学误会？

我觉得没有。我没有什么行为让他们觉得非常的惊讶，他们都很友好。但融入中国人的圈子是非常难的，因为我的长相是这样的，他们会觉得我是一个典型的老外，不会中文。要是我想跟一些中国人交流或是交朋友，他们可能会不习惯，他们会觉得"哇！你的中文说得很好啊！""你会用筷子吗？"我都觉得，你是认真的吗？这样我会觉得交朋友还是有点困难吧，因为中国人不会把我当成自己人。要是你跟他们出去玩，他们总会强调我是个外国人，这点让我有点难以接受。因为在这边待久了以后我会觉得我是这边的一部分，但是周围的人不是这么想的。

2. 消费习惯。

来到中国后，有没购买东西前问过同学们意见？

我会经常在淘宝上买东西，我们国家有类似的平台，但是没有淘宝这么大、这么方便的平台，也没有这么统一的平台。我们国家是这家店有实体店、有网站，其他店也是。买东西之前我不会问他们的意见，都是我自己选的。

有没有发现和中国学生消费不一样的习惯？

男生的话我觉得没有什么很大的不同，女生当然是非常的不一样。我买的东西跟她们相比就少了很多。

刚来中国的时候，有没有很不适应中国消费环境？

没有，我觉得非常方便。中国的快递行业在世界上应该是最发达的。

3. 政治环境。

有没有与同学或老师讨论过中国的政治或社会议题？

有。毕竟我学的专业是新闻传播学，会碰到这些话题。但是我觉得他们会不希望我们这些外国人从我们的角度去评价中国的制度，这个我也理解。

通过什么样的大众媒体了解中国的政治环境？

我之前在大学专门学过这个，看书、看教材，还有通过网上一些媒体消息，中国国内、国外的媒体都有。

案例三

第一部分：基本信息

个人信息：米某，印度人，来中国 9 个月，信仰印度教（一天祈祷 2 次，起床后、睡觉前），可用中文进行日常交流，本科生，在广东药科大学就读西医学专业。

来华动因：他喜欢中国，想来中国学习中文。

对中国了解程度：仍未参加汉语水平考试，但老师说他们可以考 HSK Level 4。他会说一点点中文，可以进行日常沟通。他表示可能会留在中国工作，暂不确定。了解一些中国的文化，例如太极拳、少林寺、李小龙等。

第二部分

（一）认知

1. 中华文化。

在中国生活，是否更了解中国的人文文化？

太极拳、少林寺、李小龙……我羡慕他。我很喜欢这些。

刚来中国，最不习惯的事情是什么？

生活方式有很大的不同，我们过去常常在 6~8 点起床。我们 8 点吃早饭。这里你们是七八点吃早饭。我们下午 2 点吃午饭，晚上 8~10 点吃晚饭。这就是区别。

2. 外交政策。

请问你目前对中国与贵国之间的外交政策看法如何？会影响你对中国的想法吗？

马马虎虎，只了解一点点。

（二）情感

1. 颇感兴趣。

有没有对中国的什么地方是特别感兴趣的？

北京、澳门、吉林、广东。

2. 难以理解。

在中国生活的日子有没有什么是你不能理解或者比较讨厌的？

中国人经常在淘宝上买东西，但和我们语言是不同的。我们正在学习中文且中文不是很好，所以我们在淘宝上买东西会遇到困难。

（三）行为

1. 生活方式。

在中国生活期间，有没有发现自己与周围人们有很不一样的地方？

我喜欢中国朋友，但是我们只是普通的朋友，因为中国人很害羞。通过微信翻译，我们可以很轻松地聊天，但是面对面交谈很困难。

有没有做过习以为常的事情，却被同学误会？

没有。

2. 消费习惯。

来到中国后，有没有购买东西前问过同学们意见？

没有。我们借助工具翻译。

有没发现和中国学生消费不一样的习惯？

没有，我们在中国也用微信付款。

刚来中国的时候，有没有很不适应中国消费环境？

我用了 2 个月来适应。

中国与本国消费最大差别是什么？

中国电子方面更为先进。

3. 政治环境。

有没有与同学或老师讨论过中国的政治或社会议题？

不。他们很害羞。我们的老师教我中文，但不会说很流利的英文。

通过什么样的大众媒体了解中国的政治环境？

报纸、互联网、facebook。我们从这里获得知识。

案例四

第一部分：基本信息

个人信息：亚某，印度人，来中国 9 个月，信仰印度教（一天祈祷 2 次，起床后、睡觉前），可用中文进行日常交流，本科生，在广东药科大学就读西医学专业。

来华动因：他喜欢中国，想来中国学习中文。

对中国了解程度：仍未参加汉语水平考试，但老师说他们可以考 HSK Level 4。亚伦会说一点点中文，可以进行日常沟通。来中国以前不太了解中华文化，来中国后了解一点。

第二部分

（一）认知

1. 中华文化。

在中国生活，是否更了解中国的人文文化？

来中国以前，我不知道很多中国人的生活方式。我以前没有中国朋友。现在我有四五个中国朋友，我常常和他们聊天，我们一起玩排球，一起说中文、买东西。

刚来中国，最不习惯的事情是什么？

印度人在早上洗澡，起床后先祈祷，再洗澡，然后吃早饭，而很多中国人晚饭后洗澡。

2. 外交政策。

请问你目前对中国与贵国之间的外交政策看法如何？会影响你对中国的想法么？

不，我不知道，我只对双方的合作有一点点了解。

（二）情感

1. 颇感兴趣。

有没有对中国的什么地方是特别感兴趣的？

我要去张家界旅游，还要去长城、颐和园。

2. 难以理解。

在中国生活的日子有没有什么是你不能理解或者比较讨厌的？

我们中文不流利，我们觉得很难交流。

（三）行为

1. 生活方式。

在中国生活期间，有没有发现自己与周围人们有很不一样的地方？

我们和中国朋友不太亲近。

有没有做过习以为常的事情，却被同学误会？

没有。

2. 消费习惯。

来到中国后，有没有购买东西前问过同学们意见？

我经常在淘宝买东西。如果这个对你来说熟悉的，我会问你；对我来说熟悉的，你会问我。就像这样。

刚来中国的时候，有没有很不适应中国消费环境？

我用了 2 个月的时间适应。

中国与本国消费最大差别是什么？

我们以前经常在当地商场买东西，不像中国人那样经常在网上买东西。

3. 政治环境。

有没有与同学或老师讨论过中国的政治或社会议题？

如果我们有问题，我们用中文跟老师讨论。你可以想象这对我们来说有多困难。

通过什么样的大众媒体了解中国的政治环境？

报纸、网络、脸书。

案例五

第一部分：基本信息

个人信息：卡某，巴基斯坦人，来中国不到半年，信仰伊斯兰教，在华南理工大学读研究生，学习材料工程专业，不会说中文。

来华动因：他认为中国的科技比较发达，所以他决定来这里学习。

对中国了解程度：他不会说中文，仍未参加汉语水平考试，但对中华文化有一定的了解。他知道广东有广府人、客家人、潮汕人。他知道北京，但是不知道长城。

第二部分

（一）认知

1. 中华文化。

在中国生活，是否更了解中国的人文文化？

是的，我知道有三个民系的人住在这里，广东人、客家人和潮州人。他们有不同的文化和习俗。特别是广东人喜欢住在更好的地方，他们更喜欢工作；客家人很多住在山上；潮州人更擅长经商。

刚来中国，最不习惯的事情是什么？

我正在适应中华文化。我用微信、淘宝、QQ。这些和我的国家不一样。

来到中国学到了什么？

我学到了一些关于材料工程的技术。

2. 外交政策。

请问你目前对中国与贵国之间的外交政策看法如何？

是的。我国与中国有贸易关系和合作关系。

（二）情感

1. 颇感兴趣。

有没有对中国的什么地方是特别感兴趣的？

有。在广东省，我去过广州塔，这是一个非常美丽的地方。

2. 难以理解。

在中国生活的日子有没有什么是你不能理解或者比较讨厌的？

不，一切都挺好的。我有语言方面的问题，但是我可以和别人交流。

（三）行为

1. 生活方式。

在中国生活期间，有没有发现自己与周围人们有很不一样的地方？

有时不会，有时会，特别是他们在说中文的时候。

有没有做过习以为常的事情，却被同学误会？

是的，有时会，尤其是在我的实验室里。

2. 消费习惯。

来到中国后，有没有购买东西前问过同学们意见？

是的。我还会给我的家人买东西。

有没有发现和中国学生不一样的习惯？

是的。中国人在 12 点吃午饭，我在 13~14 点吃午饭。类似地，他们在 18：00 吃晚餐，但我有时在 20：00，有时在 22：00 吃晚饭。

刚来中国的时候，有没有很不适应中国消费环境？

我适应了。我在使用淘宝，我的朋友也有帮助我。

中国与本国消费最大差别是什么？

中国人喜欢使用淘宝，非常方便。在我们国家我们经常去商店购物。当我们去商店的时候，价格是不断变化的，但是淘宝上的价格是固定的。

3. 政治环境。

有没有与同学或老师讨论过中国的政治或社会议题？

没有。

通过什么样的大众媒体了解中国的政治环境？

没有。我不太关心这些。

案例六

第一部分：基本信息

个人信息：奥某，女，刚果人，来中国 8 个月，在广东药科大学学习中文。

来华动因：她表示很喜欢中国，这里没有争斗，没有杀戮，十分安全。而且中国对外开放。她的国家鼓励她来中国。

对中国了解程度：她表示自己对中国文化有一定的了解，她的老师教过他们关于中国文化的知识，她知道春节、中秋节。她学习了如何泡茶，她表示中国是一个很大的国家，在这里可以做自己想做的事情，还可以经商。

第二部分

（一）认知

1. 中国文化。

在中国生活，是否更了解中国的人国文化？

是的，我的老师有教我们中国文化，我学习了如何泡茶，我还学习了中国的传统节日，例如春节、中秋节。

刚来中国，最不习惯的事情是什么？

中国和刚果（金）之间存在着时差。中国人习惯一日三餐，但是在非洲我们一天吃一餐或者两餐。而且对我来说乘坐地铁也是一件难事，因为我看不懂中文。

来到中国学到了什么？

我学会了泡茶，我还学会了用筷子吃东西。

2. 外交政策。

请问你目前对中国与贵国之间的外交政策看法如何？会影响你对中国的想法吗？

我不太了解这个。

（二）情感

1. 颇感兴趣。

有没有对中国的什么地方是特别感兴趣的？

北京、西安、上海。

2. 难以理解。

在中国生活的日子有没有什么是你不能理解或者比较讨厌的？

生活在中国不是一件简单的事情。中国人似乎不喜欢来自非洲的"黑人"。有时候我感觉到很孤单，我的父母也不在这边，这让我感觉很受伤。我在尝试把我的注意力放在我来中国的原因上，即学习中文。

（三）行为

1. 生活方式。

在中国生活期间，有没有发现自己与周围人们有很不一样的地方？

是的。我们来自不同的国家，有不同的文化，说着不同的语言，所有事情都是不一样的。

有没有做过习以为常的事情，却被同学误会？

是的，当我很想学习中文的时候，有些同学不想学习。在课堂上会有其他同学发出一些噪声，让我觉得很吵。我提醒他们不要说话，我想安静听老师讲课，但是他们一开始表示同意，过一会儿就忘记了，又开始说话。（外国同学）

2. 消费习惯。

来到中国后，有没有购买东西前问过同学们意见？

我没有中国朋友。我自己很努力地学习说中文。我不是一个喜欢出门的人，我经常待在宿舍。我很努力地学习为了让自己能够会说中文，这也是我没有中国朋友的原因。有些中国人表现得让我感觉很受伤，他们看起来不喜欢非洲人。

有没有发现和中国学生不一样的习惯？

中国学生们彼此都很亲密，很少看到中国人和外国人待在一起。

刚来中国的时候，有没有很不适应中国消费环境？

刚开始会有一点不适应。因为在使用快递、淘宝之前，我需要懂得中文。不会中文就不知道如何使用它。因为中文太难了，我现在还不知道如何使用淘宝。广州是一个很大的城市，在非洲没有地铁之类的东西，地铁上有非常多的中国人。有一些不喜欢非洲人的中国人，在地铁上会捂住自己的鼻子，好像我身上有不好闻的味道似的。看到这些也让我觉得很受伤。也许在中国人的课堂上很少学习关于非洲的知识，不了解非洲的文化。

3. 政治环境。

有没有与同学或老师讨论过中国的政治或社会议题？

没有。

通过什么样的大众媒体了解中国的政治环境？

在网络上有了解过，但是在课堂上我们没有讨论这些。

案例七

第一部分　基本信息

个人信息：丹某，女，墨西哥人，来中国两个月，专业是科学，无宗教信仰。学习中文两年，中文水平是HSK3。

来华动因：说到来中国留学的原因，她说自己喜欢中文，想要学中文。所以她认为来中国留学是一个学习中华文化很好的方式。她想来中国丰富自己的人生阅历。

对中国了解程度：她认为自己很了解中国，因为她学习中文的时间有两年，觉得自己大部分中文都是能听懂的。但是在谈及中国传统节日的时候，丹妮称中秋节为 Moon Festival，并且不知道 Mid-autumn Festival 就是中秋节。

第二部分

（一）认知

（1）在中国生活，是否更了解中国的人文文化？

丹妮表示自己因为刚来中国不久并没有感受过什么中国的传统节日。即使是刚过去不久的中秋节她也没有完整地经历过，因为学业太过繁忙她当天没有外出。但她说她尝过中国的月饼，她不喜欢这个味道，因为月饼里有她难以形容不知道是什么的奶油馅。她表示，中国人在中秋节都吃很多月饼，但是她不喜欢吃月饼。

（2）刚来中国，最不习惯的事情是什么？

丹妮表示由于自己是刚来中国学习，选择的专业对于自己来说较难懂，所以都在学习当中。丹妮说自己有两三个中国朋友，但是和其他留学生接触比较多，因为中国朋友更想用英文与她交流而不是用中文。丹妮想要和中国朋友多用中文交流来提高中文。

（3）来到中国学到了什么？

在谈及中国式问候方法的时候，她表示很认同，同时她说在墨西哥，他们通常问候的话是说"你最近过得怎么样?"，他们不会讨论吃饭的问题，不会去问别人吃饭的问题。但是在中国，人们会问"你吃了吗? 你吃饭了没?"，丹妮觉得这样的问候方式非常有趣。另外，在集体主义这个问题上，丹妮说在墨西哥他们也同样采用集体主义的处事方法。她认为，墨西哥人之间是很亲密的，他们会一起去吃早餐的，可能也会一起去图书馆写作业。

（二）情感

1. 颇感兴趣。

有没有对中国的什么地方是特别感兴趣的？

丹妮喜欢中国的建筑，传统的建筑设计和现代风格的都喜欢，说到这里，丹妮跟我们说，她很喜欢广州塔和广州图书馆。她觉得中国的建筑设计很有趣，因为在墨西哥没有见过这么多高楼。另外，丹妮还开玩笑说很喜欢喝奶茶，她很熟悉学校周围的奶茶店。

2. 难以理解。

在中国生活的日子有没有什么是你不能理解或者比较讨厌的？

丹妮表示她很不喜欢走在中国的街道上时，有些人不会在乎她是不是正在走路也不跟她说一声"不好意思，借过一下"。而直接挤过来推开你继续往前走。不过她也说到理解，因为中国的人太多了，不够位置走。谈及中国人多的话题的时候，丹妮说到中国的地铁，虽然人很多，但是地铁很干净，而且还有空调，与墨西哥有很大差别。她说墨西哥的地铁很小，环境也比中国差很多。丹妮还说不喜欢的一个地方是在中国有人会在大街上吐痰，她觉得很难忍受，并再次强调自己从不这样做。除此之外，丹妮认为，中国有些街道会有难以形容的味道，她并不喜欢。

（三）行为

在中国生活期间，有没有发现自己与周围人们有很不一样的地方？

丹妮说她信神，但是并没有信教。对于信仰无神论的大部分中国人，她表示很 OK，她说到最近很多人都不信神，但是并不影响她和他们交往做朋友，她还是很乐意跟中国人交往的。

案例八

个人信息：哈某，男；沙特阿拉伯人；信奉伊斯兰教；在饮食方面较为讲究（清真，猪肉是禁忌），在校外居住，没有中国亲戚。

来华动因：为了可以在中国边读书边工作（有关贸易工作，现已在中国工作），他 2013 年来到中国，现已在中国居住 6 年，先用了一年之前半时间在暨南大学华文学院学习中文，后到华南理工大学就读电子信息工程，现已是大四学生。在暨南大学读书时，哈迈德结识自己的女朋友（外国人），她现在在该学校教中文。在华南理工大学读书时少有旷课情况，但有两次请假没去上课，且该课程内容并不是非常重要。他所在的国家每年会派发奖学金，为其支付学费，金额为 23000 元，而生活费则由他自己支付。由于自己平日在校外居住、工作时需招待客户，每月支出不确定，大概四五千元。

对中国了解程度：另外，他对中国较为了解，表示当说及中国长城、京剧、中国功夫、武术、茶、北京时，自己会马上想到中国，因为这是中国的标志，自己也会非常尊重这些文化因素。

案例九

第一部分：基本信息

个人信息：柏某，男，28 岁，阿拉伯人，信奉伊斯兰教（不吃猪肉，一天五次祈祷：凌晨 3 点、中午 12 点、下午 3 点、下午 6 点、晚上 7 点），电气工程研究生二年级学生，本科和研究生都在华南理工大学就读。

来华动因：到中国已有 7 年，因成绩特别好，由国家安排到中国上大学，学费（28000 元）和生活费（4000 元）都由国家支付，每学年都有奖学金。中国朋友不多，有中国亲戚，现在有中国女友，有机会会把她带到自己的国家，两人经常用中文交流，自己不喜欢的东西她也不喜欢。

对中国了解程度：目前，他已通过 HSK level 5/6，但表示刚开始学中文非常难，现在还是有点难，因为自己中文并不是很好（但访谈中他全程用中文交流，中文非常好），以后不一定会在中国工作，也可能会娶中国老婆，喜欢中国语言，并花了 7 年时间留在中国。另外，他表示，中文在世界交流中非常重要，有很多中国企业，例如华为、联动、汽车公司等，自己并不想家，自己适应性能力较好。

第二部分

（一）认知

（1）在中国生活，是否更了解中国的人文文化？来到中国学到了什么？

我已在中国居住多年，但过中国节日的次数较少。例如自己只过了一次春节，因为自己住在广州，春节时期广州非常空，因而没有非常热闹的气息，我也没有感受到春节的喜庆氛围。（访谈中，当他的中国朋友邀请其今年春节一起回家乡过春节时，他表示非常乐意和开心。）

对于中国问候方式如"吃了吗？"，这种交流方式在我的平日交流中非常常用。例如，当想邀请朋友一起吃零食或喝饮料，我也会礼貌性地问朋友是否吃过或喝过。毕业实习或者如果有机会和中国同班同学集体去上课或出游，我非常乐意参与这类群体活动，除非我的时间非常紧张或是我有其他事情需要处理，才会选择自己出行。

（2）刚来中国，最不习惯的事情是什么？

在刚来的时候，我也没有很大的情绪波动，反而第一天是较为兴奋的，到现在我也并没有非常想家的感觉。我在中国度过 6 年，我的中文水平也逐步提高。

（二）情感

1. 颇感兴趣。

有没有对中国的什么地方是特别感兴趣的？

虽然我在中国多年，但我经常在广州生活，去过的地方较少，并且也有很多想去的地方，例如北京天安门、四川成都、上海等地方。

2. 难以理解。

在中国生活的日子有没有什么是你不能理解或者比较讨厌的？

我自己没有讨厌的东西，而更多的是对中国语言的不理解，我在一开始的学习过程时也是非常吃力的。而现在，这种情况稍微好了一点。

（三）行为

1. 生活方式。

在中国生活期间，有没有发现自己与周围人们有很不一样的地方？有没有做过习以为常的事情，却被同学误会？

我的中国朋友也并不多，大概只有三个，有两个原因。一是交流困难，中国同学在英语交流方面存在困难，在交流时可能不懂彼此的意思；二是部分中国学生并不是很愿意和外国人做朋友。

我信奉伊斯兰教，平时在饮食方面极为讲究，特别是不吃猪肉，每天都会祈祷，表示对神的信仰。但是我不会因为信仰不同而不与他人交往，自己的信仰并不会成为交中国朋友的阻碍，我非常乐意与中国朋友交流的。

2. 政治环境。

有没有与同学或老师讨论过中国的政治或社会议题？通过什么样的大众媒体了解中国的政治环境？

在我的国家有很多中国人，且中国贸易非常重要，学习中文至关重要。中文在世界交流中非常重要，有很多中国企业例如华为、联动、汽车公司等。

案例十

第一部分：基本信息

个人信息：扎某，来自美国，在中国生活两个月；在美国的专业是计算机，在中国学习中文和中华文化。

来华动因：自己在 GAP YEAR 中，想要学习新事物。朋友之前就在中国学习中文，在其介绍下对中文和中华文化产生浓厚的兴趣，并决定来中国学习。

对中国了解程度：了解程度中等，大部分风俗习惯都懂，但是深入一点就不是很了解。

第二部分

（一）认知

在中国生活，是否更了解中国的人文文化？来到中国学到了什么？

　　我在刚来的时候过了"中秋节"，我觉得非常新鲜！我从来没有过过这种节日，吃月饼，看月亮……月饼，里面加了很多东西，我很喜欢吃，并且我听说中国不同的地方加的东西是不一样的。我和朋友在中秋节聚会了，听说这是一个团聚的节日。我认为……这一切对我来说都是新的，每天都是新的，我很喜欢这种感觉，也许我还可以在这里过你们中国的"春节"。

　　一些是通过我的老师，但是大部分是我的朋友告诉我的。例如春节、国庆节，我朋友还告诉我 11 月 11 日是"single day"，哈哈。

　　（二）情感

　　1. 颇感兴趣。

　　有没有对中国的什么地方是特别感兴趣的？

　　我很喜欢中国的文化，也很喜欢中文。虽然很难学，但是我很享受，因为有很多同学和朋友与我一起学习。中华文化很深远，而且中华文化包括了很多，历史悠久，美国就没有这么长的历史。我已经了解了南北的不同食物、习惯等。

　　2. 难以理解。

　　在中国生活的日子有没有什么是你不能理解或者比较讨厌的？

　　我在美国吃东西的时候，我更习惯用刀叉，用刀去切鸡很方便，但是在中国，我必须学会用筷子去吃鸡，非常不方便……我讨厌它，不过现在已经习惯了，我必须要学会用筷子。

　　刚来的时候，因为语言的问题，我很难与中国人交流，每次去买什么东西或购物的时候，我不知道怎么和他们表达我想要的东西，有时候需要从手机里找出东西的海报……或者用肢体语言去形容。现在我去超市比较多了，也就比较熟了。与别人在聊天的时候，很多人用中文和我说话，我听不懂，所以我要点击、翻译，再用英语回复，再转换成中文发给对方，所以我觉得对我来说太浪费时间了。

　　我非常高，所以在中国，大家都会觉得我很高，有些事情会很不方便，他们会说我很酷。

　　（三）行为

　　1. 生活方式。

　　在中国生活期间，有没有发现自己与周围人们有很不一样的地方？有没有做过习以为常的事情，却被同学误会？

我们每天有很多课，上午和下午都有三节左右，每天早上起床后和朋友们一起去上课，下课后有很多活动，例如打篮球、聚会啊。我有很多中国朋友，每天都见新朋友。在周五和周六的下午我需要工作，去挣取我现在的一些生活费用。没有工作和学习的时候就很喜欢和朋友们一起。

可能会有一点不一样的感觉，但是我很喜欢和中国朋友一起玩，我的朋友在广东外语外贸大学建立了一个英语角，每周五晚上我们都会去那里和中国朋友聊天，他们帮我们学习中文，我们帮他们锻炼英语口语。

2. 消费习惯。

来到中国后，有没有购买东西前问过同学们意见？有没发现和中国学生消费不一样的习惯？刚来中国的时候，有没有很不适应中国消费环境？中国与本国消费最大差别是什么？

一开始我的中文并不是很好，我买东西的时候通过手机的翻译，或者肢体语言去表达我的意思。

案例十一

第一部分：基本信息

个人信息：范某，大三学生，来自越南，在中国生活了 3 年，学习中文和汉语国际教育。

来华动因：喜欢中国，来华学习中文和汉语国际教育，未来就业方向应该是教师。

对中国了解程度：了解程度中等，普通话相对较为标准流利。

第二部分

（一）认知

1. 中华文化。

（1）在中国生活，是否更了解中国的人文文化？来到中国学到了什么？

中国的文化其实有很多，例如节日方面有的与越南的差不多，有的也与越南不一样。中国的交通也比较发达，比越南更加现代化。中国科技也比较发达，像淘宝这种平台越南也有，但是没有像中国这样把很多平台整合在一起。

我对中国的茶文化、武术还挺感兴趣的。我们学校有茶文化的课程，自己以前也看过中国的武术电影，觉得很酷。以前经常看中国的电影，但是最近有点懒。

我们学校有很多越南人，我在来中国之前学过半年汉语。其实我们越南人学中文很容易的，所以有很多越南的人普通话都讲得好。如果增加一种新的途径学习中华文化，我觉得可以多举办关于中华文化的活动。

（2）刚来中国，最不习惯的事情是什么？

最不习惯的是饮食方面。

2. 外交政策。

请问你目前对中国与贵国之间的外交政策看法如何？会影响你对中国的想法吗？

我对外交政策就不是很了解。

（二）情感

1. 颇感兴趣。

有没有对中国的什么地方是特别感兴趣的？

以前我去过上海、杭州这些地方，但是只是去玩了一天。

2. 难以理解。

在中国生活的日子有没有什么是你不能理解或者比较讨厌的？

最不能理解的地方，应该是中国的请客方面。一般和中国人一起吃饭的时候，他们都会说待会他们请客，很少人提出"AA 制"；自己比较喜欢"AA 制"。我觉得不用很努力适应中国的文化，只要慢慢来就好了。

（三）行为

1. 生活方式。

（1）在中国生活期间，有没有发现自己与周围人们有很不一样的地方？

没有，因为越南人很像中国人。以前在河北石家庄那边，我的朋友很喜欢去酒吧，因为外国人一般都是免费进去的。我有一个越南朋友跟其他外国人一起去酒吧，但是保安不让他免费进去，因为他长得很像中国人。不过后来他拿了证给保安看，保安就让进去了。

（2）有没有做过习以为常的事情，却被同学误会？

目前没有。我今年刚来华工读书，在这个新学校还没有认识的中国朋友。

2. 消费习惯。

（1）来到中国后，有没有购买东西前问过同学们意见？

有，一般我会问哪些品牌或者质量比较好。我目前大概有 5 个中国朋友，是在石家庄认识的。

（2）有没有发现和中国学生消费不一样的习惯？

我觉得越南人比较喜欢有品牌的商品，例如 HM。中国人比较喜欢在淘宝上买东西，例如日用品，而且有些销售量挺高。

（3）刚来中国的时候，有没有很不适应中国消费环境？

有，刚来中国的时候，我不是很会用淘宝，也不知道快递和怎么取快递。

（4）中国与本国消费最大差别是什么？

不太清楚。

3. 政治环境。

（1）有没有与同学或老师讨论过中国的政治或社会议题？

我们很少谈这些话题，一般只是讨论周围的人。

（2）通过什么样的大众媒体了解中国的政治环境？

一般百度上会弹出新闻、微信上有公众号。

案例十二

第一部分：基本信息

个人信息：王某，研究生，来自孟加拉国，信仰伊斯兰教，在中国生活了 3 年半，学习中文和软件工程。

来华动因：中国是科技大国，来中国学习专业知识；中国和孟加拉国两国关系友好。

对中国了解程度：了解程度一般，普通话水平较高。

第二部分

（一）认知

1. 中华文化。

（1）在中国生活，是否更了解中国的人文文化？来到中国学到了什么？

是的，在中国学习到了一些中国的文化，现在也在不断学习中。来到中国后，我学会了怎么去专心工作和不让其他事情干扰自己（How to just focus on work and let go all other things）。

（2）刚来中国，最不习惯的事情是什么？

刚刚来到中国，最大的困难就是语言交流问题。

2. 外交政策。

请问你目前对中国与贵国之间的外交政策看法如何？会影响你对中国的想法吗？

我觉得中国和孟加拉国关系很好，我们国家的人大多都能拿到入境的签证，这就可以看出两个国家的友谊力量，这可能也是我来中国学习的原因。

（二）情感

1. 颇感兴趣。

有没有对中国的什么地方是特别感兴趣的？

对我来说，杭州那里有我的一些悲伤和快乐的回忆。

2. 难以理解。

在中国生活的日子有没有什么是你不能理解或者比较讨厌的？

可能我比较不理解中国女孩的想法。

（三）行为

1. 生活方式。

（1）在中国生活期间，有没有发现自己与周围人们有很不一样的地方？

有。

（2）有没有做过习以为常的事情，却被同学误会？

没有或者没有发现。

2. 消费习惯。

（1）来到中国后，有没有购买东西前问过同学们意见？

有时候会。

（2）有没有发现和中国学生不一样的习惯？

是的，我们国家有的时候很晚才起床，但是中国人生活很有规律，经常早早就起床了。

（3）刚来中国的时候，有没有很不适应中国消费环境？

有，特别是刚来中国一个月的时候，我很难适应，因为我不是很会用中国的软件和 App。

（4）中国与本国消费最大差别是什么？

在饮食方面，中国和我们国家很不一样。

3. 政治环境。

（1）有没有与同学或老师讨论过中国的政治或社会议题？

有时候同学们和老师会讨论这些话题，但我不喜欢讨论这些话题。

（2）通过什么样的大众媒体了解中国的政治环境？

没有。

案例十三

第一部分：基本信息

个人信息：金某，大一，来自哈萨克斯坦，练习英语2年，来中国3个月，现在在学校学习中文和体育教育。

来华动因：朋友推荐，因为中国科学技术、经济都比较发达；广州是亚洲的经济中心，未来发展前景好；将来会在中国当游泳教练。

对中国了解程度：了解程度较少，不会说普通话。

第二部分

（一）认知

1. 中华文化。

（1）在中国生活，是否更了解中国的人文文化？来到中国学到了什么？

我喜欢中国音乐，知道了一些中国歌手，但不是很了解中国的节日。我的朋友给我吃过月饼，但是它的味道很奇怪，因为月饼外面是甜的但里面有个鸡蛋，对我来说太奇怪了。来到中国后，我学会了篮球、足球等球类活动。

（2）刚来中国，最不习惯的事情是什么？

我不习惯广州的天气，因为广州很热，也很潮湿。而且中国有很多车辆，很多中国人经常在路上开车。在我们国家，当司机看到斑马线上有行人，不管有没有红绿灯司机都会马上停下来让行人先过，但是在中国的有些司机不会这样做。

2. 外交政策。

请问你目前对中国与贵国之间的外交政策看法如何？会影响你对中国的想法吗？

因为我们国家和俄罗斯关系很好，而俄罗斯和中国关系很好，而且我们国家是"一带一路"的沿线国家，所以我们国家跟中国的关系也很好。我觉得中国是个大国，广州是亚洲的经济中心，在中国学习未来的发展可能性比较大。

（二）情感

1. 颇感兴趣。

有没有对中国的什么地方是特别感兴趣的？

南京、北京和香港。

2. 难以理解。

在中国生活的日子有没有什么是你不能理解或者比较讨厌的？

我不喜欢广州的虫子，它们很大，每天早上我们都可能在宿舍的墙上看到很大的虫子。我们有在宿舍用蚊香，但是它的味道很难闻。

（三）行为

1. 生活方式。

（1）在中国生活期间，有没有发现自己与周围人们有很不一样的地方？

没有。

（2）有没有做过习以为常的事情，却被同学误会？

没有。我们班上的同学都是外国人，有来自俄罗斯、哈萨克斯坦和其他国家。

2. 消费习惯。

（1）来到中国后，有没购买东西前问过同学们意见？

有时候在淘宝上买东西的时候，会问其他人的意见。

（2）有没有发现和中国学生不一样的习惯？

在食物方面，我觉得和中国人很不一样。中国经常吃米饭，但我们国家没有。我们国家也有饺子，但是味道和中国不同。

（3）刚来中国的时候，有没有很不适应中国消费环境？

一开始来中国的时候，我不知道淘宝。我一个在中国生活了3年的宿友教我用淘宝。我们国家有邮政可以寄快递，但是需要2个月才能送到家里，但是中国快递很快，一般需要3天。

（4）中国与本国消费最大差别是什么？

不清楚。

3. 政治环境。

（1）有没有与同学或老师讨论过中国的政治或社会议题？

我会和同学们讨论例如怎么在宿舍居住、水电能之类的话题，但没有讨论关于中国政治的话题。

（2）通过什么样的大众媒体了解中国的政治环境？

我们的老师会在课上分享一些关于中国的新闻，有时候在百度和谷歌上看新闻，但是谷歌需要用到 VPN。

案例十四

第一部分：基本信息

个人信息：叶某，大一，来自泰国，来中国 4 个月，现在学习中文和汉语国际教育；自费学习，每年 22000 元。

来华动因：喜欢中文，在泰国学习中文学费很贵，相比之下中国学习汉语比较便宜。

对中国了解程度：了解程度较少，只能说一点普通话。

第二部分

（一）认知

1. 中华文化。

（1）在中国生活，是否更了解中国的人文文化？来到中国学到了什么？

我到中国后知道了北京烤鸭，因为北京烤鸭很好吃。我现在会用淘宝买东西了，而且淘宝上面的东西很便宜。来到中国，我中文学习的也比较好。在泰国的时候，我们学中文很慢，说得也很慢；但是到中国之后，中国人说中文很快，中文的语法也很难，有的时候听不懂。

（2）刚来中国，最不习惯的事情是什么？

来中国，我最不喜欢的事情应该是有的公园洗手间没有水。我们泰国的公园是有水的，但是中国有的公园没有，我很不习惯。

2. 外交政策。

请问你目前对中国与贵国之间的外交政策看法如何？会影响你对中国的想法吗？

我觉得中国和泰国关系好，在中国学习比较便宜，因为在泰国学习中文，学费很贵。

（二）情感

1. 颇感兴趣。

有没有对中国的什么地方是特别感兴趣的？

西安、梅州和香港。

2. 难以理解。

在中国生活的日子有没有什么是你不能理解或者比较讨厌的？

我不喜欢说话很大声的中国人，因为我觉得这样会吵到别人。

（三）行为

1. 生活方式。

（1）在中国生活期间，有没有发现自己与周围人们有很不一样的地方？

我信仰佛教，在泰国我们有很多宗教活动的地方，但是中国很少有这些地方。在中学的时候，我们每天早上都需要排队唱国歌，但是中国没有。

（2）有没有做过习以为常的事情，却被同学误会？

我喜欢有规律地生活，按时睡觉和起床，但是来自越南的宿友说话很大声，经常吵到我睡觉。

2. 消费习惯。

（1）来到中国后，有没有购买东西前问过同学们意见？

没有。我的同学都是外国人，没有中国同学，也没有参加学校的社团。

（2）有没有发现和中国学生不一样的习惯？

吃饭的时候餐具不同，泰国人会用筷子但不经常用，但中国人吃饭的时候都是用筷子的。我现在可以用筷子吃饭。

（3）刚来中国的时候，有没有很不适应中国消费环境？

一开始来中国的时候，我不知道淘宝。我一个在中国生活了3年的宿友教我用淘宝。我们国家有邮政可以寄快递，但是需要两个月才能送到家里，但是中国快递很快，一般需要3天。

（4）中国与本国消费最大差别是什么？

不清楚。

3. 政治环境。

（1）有没有与同学或老师讨论过中国的政治或社会议题？

没有。

（2）通过什么样的大众媒体了解中国的政治环境？

我有时候会看百度，上面有一些关于中国的新闻。

案例十五

第一部分：基本信息

个人信息：李某，大一，来自泰国，来中国 4 个月，现在学习中文和汉语国际教育。

来华动因：喜欢有新鲜感的事物，在泰国学习感觉很无聊，所以到中国来学习汉语。

对中国了解程度：了解程度较少，只能说一点点普通话。

第二部分

（一）认知

1. 中华文化。

（1）在中国生活，是否更了解中国的人文文化？来到中国学到了什么？

我们有上茶文化的课，所以我知道一点点关于茶的东西。我很喜欢在淘宝上买东西，上面的东西好看也很便宜。来到中国，我发现中国人很守时，但是泰国人经常迟到。

（2）刚来中国，最不习惯的事情是什么？

中国很大，中国人经常走路而且走得很快。在泰国的时候，泰国人不喜欢走路，经常坐地铁，而且走得比较慢。

2. 外交政策。

请问你目前对中国与贵国之间的外交政策看法如何？会影响你对中国的想法吗？

我觉得中国和泰国关系好。中国交通发达，从泰国来中国比较方便。

（二）情感

1. 颇感兴趣。

有没有对中国的什么地方是特别感兴趣的？

我想去很多地方，有北京、上海、珠海、深圳和香港；我前几天去过东莞。

2. 难以理解。

在中国生活的日子有没有什么是你不能理解或者比较讨厌的？

我觉得有些中国人不是很讲礼貌。因为他们跟别人说话之前没有先问好，而且有些中国人说话很大声。

（三）行为

1. 生活方式。

（1）在中国生活期间，有没有发现自己与周围人们有很不一样的地方？

没有发现很多，但是我信仰基督教，所以我会在星期日的时候祷告。

（2）有没有做过习以为常的事情，却被同学误会？

在泰国，女孩子不能穿高于膝盖的裙子，所以我们会穿很长的裙子，不过中国的女孩子经常这样穿。

2. 消费习惯。

（1）来到中国后，有没有购买东西前问过同学们意见？

没有，我自己学用淘宝。在泰国也有像淘宝的 App，所以我很快就学会怎么用淘宝。

（2）有没有发现和中国学生消费不一样的习惯？

我觉得中国人买东西的时候经常不会关注价格的高低，不管多少钱都会买。

（3）刚来中国的时候，有没有很不适应中国消费环境？

我觉得一些中国人很喜欢吃菜，但是我们泰国人喜欢吃猪肉。

（4）中国与本国消费最大差别是什么？

在中国吃炒饭或者面条的时候，有些老板很喜欢在盘子或者碗上面套上塑料袋，因为有些食物是热的，塑料袋会融化，所以不是很健康。在泰国的时候，我们都是直接把饭菜倒在碗里面的。

3. 政治环境。

（1）有没有与同学或老师讨论过中国的政治或社会议题？

没有。

（2）通过什么样的大众媒体了解中国的政治环境？

优酷、百度。

中文问卷

性别	1. 男 2. 女
您的年龄	1. 20 岁及以下 2. 20 ~ 30 岁 3. 30 岁以上
国籍	1. 亚洲 2. 北美洲 3. 南美洲 4. 欧洲 5. 非洲 6. 大洋洲
是否是华裔	1. 是 2. 否
您目前的汉语水平	1. 听不懂 2. 可以大致听懂但不会说 3. 可进行简单的日常交流 4 汉语听说水平高
您来华的时间	1. 6 个月以下 2. 6 个月至 1 年 3. 1 ~ 3 年 4.3 年以上
您来华的目的	1. 取得学历 2. 工作需要 3. 对中华文化的向往 4. 体验国外生活 5. 其他
了解中华文化的渠道（多选）	1. 老师上课介绍 2. 亲身体验 3. 学校组织留学生文化活动 4. 报纸、电视、互联网 5. 朋友介绍 6. 其他
与中国人的交往互动方式？（多选）	1. 学校课堂前后 2. 日常交际（见面、约会） 3. 勤工俭学 4. 社团活动 5. 参与社会活动 6. 大众传媒（电话、互联网）

项目	很不同意	不同意	一般	同意	很同意
我很了解中华文化	1	2	3	4	5
我能分清中国传统文化和中国当代文化	1	2	3	4	5
我认为中华文化很有魅力	1	2	3	4	5
我认为中华文化历史悠久	1	2	3	4	5
我认为中华文化很特别	1	2	3	4	5
我觉得我国文化与中华文化有很多相似之处	1	2	3	4	5
我对中华文化很感兴趣	1	2	3	4	5
我来中国是为了学习中华文化	1	2	3	4	5
作为来华留学生的一员，我感到很高兴	1	2	3	4	5

续表

项目	很不同意	不同意	一般	同意	很同意
我认为中华文化在国际上的影响力越来越大	1	2	3	4	5
我认为汉语很有意思	1	2	3	4	5
我在意别人对待中国的态度。赞扬时高兴，非议时难过	1	2	3	4	5
在中国我有很强的归属感	1	2	3	4	5
在做自我介绍时，我很乐意提到在中国留学的经历	1	2	3	4	5
即使学习或工作条件恶劣，也不会改变我对中华文化的热爱	1	2	3	4	5
我尊重中华文化	1	2	3	4	5
我能接受中国人的人生观和价值观	1	2	3	4	5
我希望我的国家和中国加强文化交流	1	2	3	4	5
我愿意选择中国人为恋爱或结婚对象	1	2	3	4	5
我喜欢中国人的生活方式	1	2	3	4	5
在华留学期间，我根据中华文化行事	1	2	3	4	5
我积极主动地收集学习中华文化的知识	1	2	3	4	5
毕业后我会从事与中华文化相关的工作	1	2	3	4	5
我会主动向身边的人介绍中华文化	1	2	3	4	5
我积极主动地融入中华文化	1	2	3	4	5
来华留学后，我看问题习惯从中国人的视角出发	1	2	3	4	5
我与中国人相处融洽	1	2	3	4	5
我会庆祝中国传统节日	1	2	3	4	5
我会花费很长时间了解中华文化	1	2	3	4	5
我希望为中华文化的传播贡献自己的力量	1	2	3	4	5
毕业后我会选择留在中国	1	2	3	4	5

英文问卷

A Questionnaire of the Cognitive and Acceptance of the Chinese Culture

1. May I have your gender?　A.　Male　　B.　Female

2. May I have your age?　A.　Below 20　　B. 20to30　　C.　Above30

3. May I have your nationality?

A.　Asia

B.　North America

C.　South America

D.　Europe

E.　Africa

F.　Oceania

4. Are you a ethnic Chinese?　　A.　yes　B.　no

5. How long have you been in China?

A.　Below half a year

B.　Half a year ~ one year

C.　One year ~ three years

D.　Above 3 years

6. Your current level of Chinese?

A.　Can't understand

B.　Can generally understand but cannot say

C.　Can do simple daily communication

D.　I have a high level of Chinese

7. Purpose of coming to China?

A.　To obtain academic qualifications

B.　For the needs of work

C.　Because of the yearning for Chinese culture

D.　To experience life abroad

8. The way to understand Chinese culture?（multiple choice）

A.　Classroom study

B.　Contacts with the Chinese

C.　Social media

D.　Chinese product

E.　Domestic society attitude

F.　Book and non-book materials

9. The way to interact with the Chinese?（multiple choice）

A.　Schooling

B.　Interpersonal interaction

C.　Part-time work

D.　Celebrating traditional festivals

E.　Traveling

F.　Social media

G. Social life　　　　　　　　H. Participating in social activities

Please read the following questions carefully and at the same time, according to your degree of recognition of the sentence, select the corresponding item (1 − 5 degrees gradually increase, 1 means very disagree, 5 means very agree).

	very disagree	disagree	Soso	agree	very agree
1. I know Chinese culture very well	1	2	3	4	5
2. I can distinguish between Chinese traditional culture and Chinese contemporary culture	1	2	3	4	5
3. I think Chinese culture is very attractive	1	2	3	4	5
4. I think Chinese culture has a long history	1	2	3	4	5
5. I think Chinese culture is very special	1	2	3	4	5
6. My culture has many similarities with Chinese culture	1	2	3	4	5
7. I am interested in Chinese culture	1	2	3	4	5
8. I came to China to learn Chinese culture	1	2	3	4	5
9. I am very happy to be a member of the students studying abroad in China	1	2	3	4	5
10. It is believed that Chinese culture has more and more international influence	1	2	3	4	5
11. I think Chinese is very interesting	1	2	3	4	5
12. I care about people's attitude towards China. When people praise it, I feel happy. I felt sad when it was criticized	1	2	3	4	5
13. I have a strong sense of belonging in China	1	2	3	4	5
14. When I introduce myself, I would be happy to mention the experience of studying in China	1	2	3	4	5
15. even if learning or working conditions are bad, it will not change my love for Chinese culture	1	2	3	4	5
16. I respect Chinese culture	1	2	3	4	5
17. I can accept Chinese outlook on life and values	1	2	3	4	5

	very disagree	disagree	Soso	agree	very agree
18. I hope my country and China will strengthen cultural exchanges	1	2	3	4	5
19. I would like to choose Chinese people for love or marriage	1	2	3	4	5
20. I like Chinese life style	1	2	3	4	5
21. during my study in China, I acted on the basis of Chinese culture	1	2	3	4	5
22. I take the initiative to collect and learn knowledge about Chinese culture	1	2	3	4	5
23. after graduation, I will be engaged in work related to Chinese culture	1	2	3	4	5
24. I will take the initiative to introduce Chinese culture to the people around me	1	2	3	4	5
25. I actively integrate into Chinese culture	1	2	3	4	5
26. After studying in China, I used to start from the perspective of Chinese people	1	2	3	4	5
27. I get along well with Chinese people	1	2	3	4	5
28. I will celebrate Chinese traditional festivals	1	2	3	4	5
29. I will take a long time to understand Chinese culture, such as its history, tradition, and so on	1	2	3	4	5
30. I hope to contribute to the spread of Chinese culture	1	2	3	4	5
31. After graduation, I will stay in China	1	2	3	4	5

参 考 文 献

[1] Anne Tom Wong. 中国教育服务贸易国际竞争力及对策研究 [D]. 北京：北京外国语大学，2019.

[2] 安然，张仕海. 亚洲来华留学生教育需求调查分析 [J]. 高教探索，2008 (3)：103－108.

[3] 白亮，金露. 近十年来我国社会认同研究评析 [J]. 当代教育与文化，2012，4 (1)：25－29.

[4] 白明亮. 文化、政治与教育 [D]. 南京：南京师范大学，2014.

[5] 蔡宏波，刘志颖，张湘君. 北京留学生规模的影响因素分析及对策研究 [J]. 国际经济合作，2016 (6)：88－95.

[6] 蔡文伯，闫佳丽. "一带一路"沿线国家来华留学生与中国对外直接投资关系的实证研究 [J]. 华东师范大学学报（教育科学版），2020，38 (4)：30－39.

[7] 蔡燕. 外国人中国传统节日认知与参与情况研究——以山东大学来华留学生为例 [J]. 民俗研究，2015 (4)：148－160.

[8] 曹伟，罗建强. 人民币汇率变动对进口贸易的影响——基于中国与"一带一路"沿线国家分行业贸易面板数据的研究 [J]. 国际商务（对外经济贸易大学学报），2020 (4)：64－79.

[9] 陈东阳，哈巍. 来华留学生教育与进出口贸易：基于1999—2017年省级面板数据的实证分析 [J]. 教育与经济，2021，37 (2)：13－20，39.

[10] 陈飞宇. 我国与"一带一路"区域高等教育服务贸易问题研究 [J]. 理论学刊，2018 (6)：73－80.

[11] 陈慧. 在京留学生适应及其影响因素研究 [D]. 北京：北京师范大学，2004.

[12] 陈美芬，汪雪娟. 华裔新生代中国文化认同感的调查研究——以

温州意大利华裔新生代为例 [R]. 浙江：温州大学教师教育学院，2018.

[13] 陈强，文雯. "一带一路" 倡议下来华留学生教育：使命、挑战和对策 [J]. 高校教育管理，2018，12 (3)：28 – 33.

[14] 陈清侨. 身份认同与公共文化：文化研究论文集 [C]. 香港：牛津出版社，1997.

[15] 陈婷婷. 跨文化视角下外国在华留学生对中国文化的认同研究 [J]. 新西部，2018 (8)：36 – 37.

[16] 陈武元，徐振锋，蔡庆丰. 教育国际交流对中国 "一带一路" 海外并购的影响——基于孔子学院和来华留学教育的实证研究 [J]. 教育发展研究，2020，40 (21)：37 – 46.

[17] 陈衍德. 现代中的传统——菲律宾华人社会研究 [M]. 厦门：厦门大学出版社，1998 (1).

[18] 陈晔. "一带一路" 视域下中国与中亚五国贸易影响因素研究——基于随机前沿引力模型的实证分析 [J]. 科技与经济，2020，33 (2)：106 – 110.

[19] 陈奕容. 理智与情感：东南亚华裔学生来华留学动机解读 [J]. 海外华文教育，2006 (3)：41 – 46.

[20] 陈宇芬. 来华留学教育面临的问题及对策研究 [R]. 厦门：厦门大学教育研究院，2018.

[21] 陈志明. 跨国网络与华南侨乡——文化、认同和社会变迁 [M]. 香港：香港中文大学、香港亚太研究所，2006.

[22] 戴昭铭. 文化语言学导论. 语文出版社，1996.

[23] 杜兰晓. 大学生国家认同研究 [D]. 杭州：浙江大学，2014.

[24] 杜兰晓. 当代中国大学生国家认同教育的路径探析——基于文化自信的视角 [J]. 思想教育研究，2012 (12)：99 – 102.

[25] 段泽宁，孙琳. 留学生媒介使用与中国节日文化认同的关系研究——北京师范大学相关调查及启示 [R]. 北京：教育传媒研，2017.

[26] 方宝，武毅英. 高等教育来华留学生的变化趋势研究——基于近十五年统计数据的分析 [J]. 高等教育研究，2016 (2)：19 – 30.

[27] 方宝，武毅英. 论东盟来华留学教育扩大发展的有效路径 [J]. 复旦教育论坛，2016，14 (2)：107 – 112.

［28］方寅玲．对高中生母语写作水平与英语写作水平之间的相关性研究［J］．首都师范大学，2011.

［29］费孝通．中华民族多元一体格局［M］．北京：中央民族学院出版社．1989.

［30］付随鑫．美国的逆全球化、民粹主义运动及民族主义的复兴［J］．国际关系研究，2017（5）：34－46，152.

［31］高维．南亚留学生汉语习得过程中的中国文化认同情况研究［J］．教育现代化，2017（17）.

［32］高一虹，李玉霞，边永卫．从结构观到建构观：语言与认同研究综观［J］．语言教学与研究，2008.

［33］谷媛媛，邱斌．来华留学教育与中国对外直接投资——基于"一带一路"沿线国家数据的实证研究［J］．国际贸易问题，2017（4）：83－94.

［34］顾江，任文龙．孔子学院、文化距离与中国文化产品出口［J］．江苏社会科学，2019（6）：55－65，258.

［35］郭强．逆全球化：资本主义最新动向研究［J］．克拉玛依学刊，2013，3（5）：3－10，82.

［36］郭银辉．泰国华裔留学生中华文化认同调查研究［D］．广州：暨南大学，2017.

［37］郭玉贵．吸引更多美国学生来华留学对中国国家经济利益的影响［J］．世界教育信息，2012，25（15）：20－22.

［38］郭珍兰．印尼华裔青年文化认同现状的调查［D］．广州：暨南大学学士学位论文，2008.

［39］哈巍，陈东阳．来华留学教育对我国出口贸易的影响［J］．教育经济评论，2020，5（4）：18－37.

［40］哈巍，陈东阳．人才流动与教育红利——来华留学教育研究综述［J］．教育学术月刊，2019（3）：55－64.

［41］韩丽丽．如何提升来华留学教育的竞争力——基于规模总量和学历结构视角的经验分析［J］．北京师范大学学报（社会科学版），2017（5）：18－30.

［42］韩瑞霞，王琦．国内留学生认同研究的现状、理论与方法——基于CNKI的主题元［J］．上海交通大学学报（哲学社会科学版），2016，24

(6)：75 – 83.

[43] 韩增林，王唯一，赵维良．制度质量、经济发展与贸易结构优化——基于门槛模型的实证分析 [J]．资源开发与市场，

[44] 汉斯·摩根索 (Hans J. Morgenthau)．国家间政治：为了权力与和平的斗争 [M]．海南：海南出版社，2008.

[45] 何彬．从海外角度看传统节日与民族文化认同 [J]．中国民俗，2008 (9).

[46] 何国忠．社会变迁与文化诠释 [M]．吉隆坡：华社研究中心，2002.

[47] 何逸恒．马来西亚华校学生华文学习与中华文化传承研究 [D]．广州：暨南大学硕士学位论文，2012.

[48] 贺书锋，郭羽诞．中国对外直接投资区位分析：政治因素重要吗？[J]．上海经济研究，2009 (3)：3 – 10.

[49] 黄玖立，周泽平．多维度距离下的中国文化产品贸易 [J]．产业经济研究，2015 (5)：93 – 100.

[50] 黄莉芳，吴福象．中国制造业中间品进口贸易特征及影响因素——以"一带一路"沿线国家和地区为例 [J]．首都经济贸易大学学报，2020，22 (3)：46 – 56.

[51] 黄丽怡．心理距离对购买意愿的影响研究 [D]．广州：广东外语外贸大学，2016.

[52] 黄滋生．菲律宾华人的同化和融合进程 [J]．东南亚研究，1998 (5).

[53] 教育部．2015 年来华留学生总数近 40 万韩国最多美国第二 [J]．教育院/系/研究所名录，2016.

[54] 教育部．推进共建"一带一路"教育行动 [EB/OL]．中国教育部官网，2016 – 07 – 13.

[55] 金孝柏．自由贸易试验区背景下我国加快发展教育服务贸易的新路径 [J]．国际贸易，2015 (7)：25 – 30.

[56] 康继军，张梦珂，黎静．孔子学院对中国出口贸易的促进效应——基于"一带一路"沿线国家的实证分析 [J]．重庆大学学报（社会科学版），2019，25 (5)：1 – 17.

［57］李骋．菲律宾华校学生华文学习与中华文化认知认同状况调查［R］．广州：暨南大学，2013．

［58］李丹洁，李晓．来华留学生中华文化认同研究综述［N］．保山学院学报．2014－08－15．

［59］李冬梅，张巧玲．中国高等教育服务贸易影响因素实证分析——基于学历生与非学历生视角［J］．武汉商学院学报，2018，32（2）：40－44．

［60］李盾．来华留学的影响因素研究——基于贸易引力模型［J］．对外经贸，2018（10）：148－152．

［61］李航敏．中国高等教育服务贸易发展研究［J］．国际经济合作，2014（4）：83－86．

［62］李婧，谢佳．来华留学生教育发展现状与对策建议——基于文化视角下的分析［J］．国际经济合作，2016（2）：23－27．

［63］李明欢．当代海外华人社团研究［M］．厦门：厦门大学出版社，1995．

［64］李亦园，郭振羽．东南亚华人社会研究［M］．台北：正中书局，1985．

［65］李元瑾．新马华人：传统与现代的对话．新加坡：南洋理工大学中华语言文化中心、新加坡亚洲研究学会、南洋大学毕业协会，2002．

［66］栗晓红．主权视野下的教育国际条约分析［J］．药学教育，2014，30（3）：1－6．

［67］梁瑞娇．印尼棉兰华人中华文化传承研究［D］．广州：暨南大学硕士课程论文，2011．

［68］梁英明．从东南亚华人看文化交流与融合［J］．华侨华人历史研究，2006（4）．

［69］廖赤阳，黄端铭，杨美美．菲律宾华人学生文化背景与认同意识的调查［J］．华侨华人历史研究，1996（2）．

［70］廖佳，尚宇红．"一带一路"国家贸易便利化水平对中国出口的影响［J］．上海对外经贸大学学报，2021，28（2）：82－94．

［71］林航，谢志忠，郑瑞云．孔子学院是否促进了海外学生来华留学——基于40个国家2004～2014年面板数据的实证检验［J］．国际商务：对外经济贸易大学学报，2016（5）：52－65．

[72] 刘东风. 来华留学生跨文化人际交往研究 [D]. 北京: 北京大学, 2005.

[73] 刘宏宇, 贾卓超. 来华留学生跨文化适应研究——以来华中亚留学生为个案 [J]. 中央民族大学学报 (哲学社会科学版) 2014 (4): 171 - 176.

[74] 刘家汇, 姚倩倩. 东北高校留学生对华文化的认同研究 [J]. 学理论, 2018 (3): 124 - 126.

[75] 刘莉. 留学生来华影响因素分析 [D]. 杭州: 浙江大学, 2014.

[76] 刘铁娃. 国际友好城市文化交流与国家软实力提升 [J]. 对外传播, 2017 (10): 51 - 53.

[77] 刘学东, 诸东涛. 全球化背景下来华留学生教育发展策略研究 [J]. 江苏第二师范学院学报, 2015, 31 (2): 51 - 54.

[78] 刘志国. 全球教育服务贸易的发展及特点 [J]. 世界贸易组织动态与研究, 2004 (1): 28 - 31.

[79] 娄冉冉. 在邕来华留学生中华文化认同的定量研究 [R]. 广西: 广西大学, 2017

[80] 芦林堃, 李冬梅, 陈志峰. 基于"一带一路"面板数据的来华留学对中国出口贸易影响的研究 [J]. 齐齐哈尔大学学报 (哲学社会科学版), 2020 (1): 89 - 94, 100.

[81] 陆菁, 凌慧, 潘修扬. 全面开放格局下的中国高等教育服务国际化——高等教育服务出口与留学生来华因素的实证分析 [J]. 中国高教研究, 2019 (1): 22 - 27.

[82] 陆卫明, 赵晓宇. 从《中国文化要义》看梁漱溟的中西文化观 [J]. 中国社会科学研究生院学报. 2007.

[83] 吕露杨. 区域经济发展与中国自由贸易区发展的相互影响因素研究 [D]. 北京: 对外经济贸易大学, 2018.

[84] 吕娜. 来华留学教育与中国经济发展研究 [D]. 北京: 财政部财政科学研究所, 2015.

[85] 马佳妮. "一带一路"沿线国家来华留学生就读经验研究 [R]. 北京: 北京师范大学社会发展与公共政策学院, 2018.

[86] 马佳妮. "一带一路"沿线国家来华留学生就读经验研究 [J].

比较教育研究，2018（4）.

[87] 马戎. 中华文明独一无二的特质［N］. 北京日报，2018 - 10 - 22（015）.

[88] 马知遥，刘佳. 留学生教育服务"一带一路"的现实意义与实践路径［J］. 天津市教科院学报，2020（2）：78 - 83.

[89] 毛瑶瑶，张如意，李瑾. 跨文化适应中的文化负迁移与超越——以宁波大学来华印度留学生为例分析，【中图分类号】G12【文献标识码】A【文章编号】1003 - 6652（2018）08 - 0196 - 02

[90] ［美］曼纽尔·卡斯特，认同的力量［M］. 曹荣湘，译. 北京：社会科学文献出版社. 2006.

[91] 蒙仁君. 高校来华留学生就业服务体系构建［J］. 高教论坛，2015（8）：127 - 129.

[92] 蒙英华，孔令强. 海外华人网络对中国对外贸易影响的面板数据分析［J］. 当代财经，2007（9）：99 - 103.

[93] 蒙英华，李艳丽. 移民网络对中国企业文化产品出口效应评估［J］. 国际贸易问题，2015（5）：62 - 70.

[94] 苗莉青，陈聪. 孔子学院对我国高等教育出口的影响——基于主要国家面板数据的实证研究［J］. 国际商务：对外经济贸易大学学报，2015（6）：27 - 35.

[95] 牛存来. 政治对当前中国教育的影响分析［D］. 济南：山东师范大学，2009.

[96] 潘晖君. 大陆高校台湾学生国家认同问题的实证研究［D］. 泉州：华侨大学，2017.

[97] 潘镇，金中坤. 双边政治关系、东道国制度风险与中国对外直接投资［J］. 财贸经济，2015（6）：85 - 97.

[98] 彭冬冬，林珏. "一带一路"沿线自由贸易协定深度提升是否促进了区域价值链合作？［J］. 财经研究，2021，47（2）：109 - 123.

[99] 綦建红，杨丽. 中国OFDI的区位决定因素——基于地理距离与文化距离的检验［J］. 经济地理，2012，32（12）：40 - 46.

[100] 曲如晓，江铨. 来华留学生区域选择及其影响因素分析［J］. 高等教育研究，2011（3）：30 - 38.

[101] 曲如晓，李婧，杨修．文化接受度对来华留学生规模的影响 [J]．国际经济合作，2018（6）．

[102] 任晓华．对中国非英语专业大学生英美文化认同现状的调查研究 [J]．黄石理工学院学报（人文社会科学版）．2010.

[103] 石玉枝．京沪两所研究型高校本科留学生择校影响因素的比较研究 [D]．上海：华东师范大学，2016.

[104] 宋华盛，刘莉．外国学生缘何来华留学——基于引力模型的实证研究 [J]．高等教育研究，2014，35（11）：31－38.

[105] 宋若瑜．不同文化背景下在华留学生教学质量感知差异研究 [D]．武汉：武汉理工大学，2013.

[106] 苏立君．逆全球化与美国"再工业化"的不可能性研究 [J]．经济学家，2017（6）：96－104.

[107] 孙建明．打造"留学中国"品牌完善来华留学服务工作 [J]．世界教育信息，2016（24）：43－45.

[108] 覃玉荣，周敏波．东盟留学生跨境适应研究——基于文化距离的视角 [J]．复旦教育论坛2013（4）：80－85

[109] 汤晓山，罗奕，雷盛廷．东盟国家青年留学生对中国文化的认同探析 [J]．新闻研究导刊，2018，9（17）：14－15，17.

[110] 唐佳璐．中国对"一带一路"沿线国家高等教育服务出口研究——基于境外消费视角 [J]．世界教育信息，2019，32（3）：21－29.

[111] 唐静，王竹青，许陈生．双边教育协定对来华留学服务贸易规模的影响 [J]．国际商务（对外经济贸易大学学报），2021（1）：32－47.

[112] 佟家栋．对外贸易依存度与中国对外贸易的利益分析 [J]．南开学报，2005（6）：16－22.

[113] 汪仕凯．论政治体制的能力与国家治理 [J]．社会主义研究，2016（2）：58－67.

[114] 王爱平．文化与认同：印尼华裔青少年调查研究 [J]．中国人民大学学报，2004.

[115] 王建梁，姚林，陈希．加拿大国际教育服务贸易经济收益分析及对我国的启示 [J]．高校教育管理，2015，9（2）：79－84.

[116] 王珏，李昂，周茂．双边政治关系距离对中国出口贸易的影响：

基于联合国大会投票数据的研究 [J]. 当代财经, 2019 (1): 96-107.

[117] 王立勇, 马光明, 王桐. 中国教育服务贸易七十年: 成就、经验与未来发展对策 [J]. 国际贸易, 2019 (11): 4-11.

[118] 王丽娟. 跨文化适应研究现状综述 [J]. 山东社会科学, 2011 (4): 44-49.

[119] 王美娟. 留学生的中国文化身份认同调查与分析——以兰州高校留学生为例 [J]. 2018.

[120] 王霞, 程磊, 刘甜. 文化差异、制度质量对中国对"一带一路"沿线国家直接投资的影响 [J]. 投资研究, 2020, 39 (11): 96-106.

[121] 王祥如. 一带一路留学生流入对中国出口贸易的影响 [D]. 南京: 东南大学, 2019.

[122] 王雁斌, 程宝栋, 宋维明. "一带一路"背景下全球中间品、资本品贸易空间格局分析——基于2000~2015年BEC分类贸易数据 [J]. 当代经济管理, 2018, 40 (7): 68-75.

[123] 王雁飞. 组织社会化理论及其研究评介 [J]. 外国经济与管理, 2006, 28 (5): 31-38.

[124] 魏浩, 陈开军. 国际人才流入对中国出口贸易影响的实证分析 [J]. 中国人口科学, 2015 (4): 72-82, 127-128.

[125] 魏浩, 赖德胜. 文化因素影响国际留学生跨国流动的实证研究——兼论中国扩大来华留学生教育规模的战略 [J]. 教育研究, 2017, 38 (7): 55-67.

[126] 魏浩, 王宸, 毛日昇. 国际间人才流动及其影响因素的实证分析 [J]. 管理世界, 2012 (1): 33-45.

[127] 魏浩, 袁然, 赖德胜. 中国吸引留学生来华的影响因素研究——基于中国与全球172个国家双边数据的实证分析 [J]. 教育研究, 2018, 39 (11): 76-90.

[128] 魏浩, 袁然. 全球华人网络的出口贸易效应及其影响机制研究 [J]. 世界经济研究, 2020 (1): 25-40, 135.

[129] 魏浩, 袁然, 苏航. 国际人才流动对中国消费品出口影响的实证分析——基于国际留学生视角的考察 [J]. 国际贸易问题, 2020 (10): 67-81.

［130］魏姝．改革开放 40 年我国高等教育国际合作法制的演进与反思［J］．北京大学学报（哲学社会科学版），2018，55（3）：152 - 160．

［131］魏艳茹．论双边自由贸易协定框架下高等教育服务的国际法规制［J］．学术交流，2008（7）：75 - 77．

［132］魏勇强，王宏伟．逆全球化与我国经济［J］．现代管理科学，2018（1）：72 - 74．

［133］温珺，巩雪．来华留学生教育对中国外资流入的影响［J］．国际商务（对外经济贸易大学学报），2019（4）：85 - 99．

［134］文雯，陈丽，白羽，等．北京地区来华留学生就读经验和满意度国际比较研究［J］．北京社会科学，2013（2）：63 - 70．

［135］夏良康．非正式贸易壁垒：特征、产生原因和对策［J］．管理世界，2013（1）：174 - 175．

［136］肖霞．文化亲近对双边贸易影响的比较研究［D］．杭州：浙江工业大学，2015．

［137］谢孟军，王立勇．经济制度质量对中国出口贸易影响的实证研究——基于改进引力模型的 36 国（地区）面板数据分析［J］．财贸研究，2013，24（3）：77 - 83．

［138］谢婷．顾客选择入住绿色饭店的行为意向研究——基于计划行为理论角度［J］．旅游学刊，2016，31（6）：94 - 103．

［139］新民周刊．"歪国仁"，为啥来华留学？［J］．新民周刊，2018（31）．

［140］新形势下来华留学生《中国概况》课程文化教学调研—以浙江大学为例

［141］徐坚．逆全球化风潮与全球化的转型发展［J］．社会科学文摘，2017（8）：46 - 48．

［142］许家云，李平，王永进．跨国人才外流与中国人力资本积累——基于出国留学的视角［J］．人口与经济，2016（3）：91 - 102．

［143］许亚云，岳文，韩剑．高水平区域贸易协定对价值链贸易的影响——基于规则文本深度的研究［J］．国际贸易问题，2020（12）：81 - 99．

［144］颜晓峰．新时代与中华文化的对接融合［N］．天津日报，2018 - 10 - 22（9）．

［145］杨大伟，杨升荣，刘俭．新时期高校发展来华留学生教育的对策研究［J］．高教探索，2016（5）：97－101.

［146］杨德云，邢梦昆．经济与贸易政策不确定性对中国出口的影响研究［J］．江西社会科学，2019，39（11）：55－64.

［147］杨宏恩，孟庆强，王晶，李浩．双边投资协定对中国对外直接投资的影响：基于投资协定异质性的视角［J］．管理世界，2016（4）：24－36.

［148］杨既福．我国来华留学教育制度溯源、反思与进路［J］．中国成人教育，2016（24）：72－75.

［149］杨军红．来华留学生跨文化适应问题研究［D］．上海：华东师范大学，2005.

［150］杨汝岱，李艳．移民网络与企业出口边界动态演变［J］．经济研究，2016，51（3）：163－175.

［151］杨越明，藤依舒．十国民众对中国文化符号的认知与偏好研究——《外国人对中国文化认知与意愿》年度大型跨国调查系列报告之一［J］．对外传播，2017（4）：36－38.

［152］姚海棠，姚想想．来华留学生影响因素研究［J］．现代商业，2013（14）：255－257.

［153］叶淑兰．外国留学生的中国观：基于对上海高校的调查［J］．外交评论，2013，30（6）.

［154］易江玲，陈传明．心理距离测量和中国的国际直接投资——基于缘分视角的分析［J］．国际贸易问题，2014（7）：123－132.

［155］易江玲，陈传明．信息、感知和缘分视角下的心理距离研究述评与展望［J］．外国经济与管理，2015，37（5）：85－96.

［156］丁蓬春．阅读审美——华裔生文化认同的助推器阅［J］．长春师范学院学报，2009.

［157］俞培果，王大燕．高等教育服务贸易有关问题的国际讨论及其启示［J］．外国教育研究，2005（10）：20－24.

［158］俞玮奇．来华留学生汉语学习动机减退的影响因素研究［J］．语言教学与研究，2013（3）：24－31.

［159］袁清．刍议来华留学生教育对我国的影响效应——以"一带一路"沿线国家贸易关系为例［J］．浙江社会科学，2019（4）：102－111，159.

［160］原韬雄．全球治理的文化认同研究［R］．北京：国际关系学院，2017．

［161］岳敏．来华留学与中国对"一带一路"沿线国家直接投资的实证研究［D］．北京：北京外国语大学，2018．

［162］曾少聪．漂泊与根植——当代东南亚华人族群关系研究［M］．北京：中国社会科学院，2004．

［163］翟雪华．中亚东干族来华留学生文化认同与汉语情感学习策略相关性调查分析［D］．乌鲁木齐：新疆师范大学，2016．

［164］詹小美．文化认同视域下的政治认同［J］．中国社会科学，2013（9）．

［165］张传明．冲突、调适与融合：美国华人认同变迁（1849－1979）［D］．广州：暨南大学，2006．

［166］张红蕴．全球化背景下的来华留学生教育［J］．中国电力教育，2005（S1）：55－58．

［167］张婧妍．文化距离对中国与主要发展中国家双边货物贸易的影响［D］．北京外国语大学，2019．

［168］张乃丽，徐海涌．我国西北五省区与中亚五国贸易潜力研究——基于丝绸之路经济带的视角［J］．山东社会科学，2016（4）：119－125．

［169］张朋．国际人才流入对中国出口贸易的影响效应研究［D］．湘潭：湖南科技大学，2018．

［170］张世蓉，王美娟．高校留学生文化身份认同研究［J］．海外英语，2018（1）：175－178，180．

［171］张武升，肖庆顺．论文化与创造力培养［J］．教育研究，2015，36（5）：13－19．

［172］张向东．认同的概念辨析［J］．湖南社会科学，2006．

［173］张阳明．内地高校港澳生国家认同实证研究［D］．泉州：华侨大学，2014．

［174］章石芳．菲律宾华裔中学生族群文化认同调查研究［J］．福建师范大学学报，2009（6）．

［175］章石芳，卢飞斌．菲律宾华裔中学生族群文化认同调查研究［J］．福建师范大学学报（哲学社会科学版），2009．

［176］赵思蒙.优秀传统文化对青年教育的途径和影响［J］.农家参谋，2018（21）：279－280.

［177］赵艳玲."一带一路"沿线国家在华留学生跨文化适应研究［D］.荆州：长江大学，2017.

［178］赵永亮.移民网络与贸易创造效应［J］.世界经济研究，2012（5）：57－64.

［179］赵忠秀.迈向亚洲最大留学目的地国——新中国来华留学综述［J］.神州学人，2015（7）：4－7.

［180］郑刚，刘金生."一带一路"战略中教育交流与合作的困境及对策［J］.比较教育研究，2016（2）：20－26.

［181］郑刚，马乐."一带一路"战略与来华留学生教育：基于2004－2014的数据分析［J］.教育与经济，2016（4）：77－82.

［182］郑民.略论东南亚华人的认同意识问题［J］.华侨大学学报，1993（1）.

［183］郑晓云.文化认同与文化变迁［M］.北京：中国社会科学出版社.1992.

［184］郑雪，王磊.中国留学生的文化认同、社会取向与主观幸福感［J］.心理发展与教育，2005，21（1）：50－56.

［185］郑雪，David Sang.文化融入与中国留学生的适应［J］.应用心理学，2003，9（1）：9－13.

［186］钟星星.现代文化认同问题研究［R］.北京：中共中央党校，2014.

［187］周谷平，韩亮."一带一路"倡议与教育外交［J］.比较教育研究，2018，40（4）：3－9.

［188］周茂荣.特朗普逆全球化对"一带一路"实施的影响［J］.边界与海洋研究，2017，2（3）：23－27.

［189］周晓楠.从社会的角度浅析外国留学生眼中的中国印象——基于东北师范大学留学生的问卷调查分析［J］.科教文汇（下旬刊），2018（5）.

［190］朱国辉，高校来华留学生跨文化适应问题研究［D］.上海：华东师范大学，2011.

［191］朱国辉，谢安邦，许美德．高校来华留学生跨文化适应问题研究［J］．高等教育研究，2013（9）：94－9

［192］朱桃香，代帆．融合与冲突——论海外华侨华人的认同［J］．东南亚研究，2002（3）：64－68.

［193］庄颖．缅甸、老挝、柬埔寨华裔留学生对中华文化了解和认同情况的调查与分析——以暨南大学华文学院华文教育系缅、老、柬籍华裔留学生为例［D］．广州：暨南大学，2012.

［194］宗世海，吴蓉敏．新加坡人华文保持和文化传承［J］．暨南大学华文学院，2012（2）.

［195］邹瑞睿．当前我国高等教育服务贸易发展的新变化与新举措［J］．对外经贸实务，2016（2）：86－89.

［196］Ajzen I, Fishbein M. A Bayesian analysis of attribution processes.［J］. Psychological Bulletin, 1975, 82（2）：261－277.

［197］Ajzen I, Fishbein M. Understanding attitudes and predicting social behavior［M］. Prentice-Hall, 1980.

［198］Ajzen I. The theory of planned behavior［J］. British Journal of Social Psychology, 1991, 40（4）：471.

［199］Al Maskari A. Theory of Planned Behavior（TPB）Ajzen（1988）［J］. Information Seeking Behavior & Technology Adoption Theories & Trends, 2015.

［200］Altbach P G. Higher education crosses borders［J］. Comparative Education Review, 2005.

［201］Bar-Ann, Y, Liberman, N, Trope, Y. The association between psychological distance and construal level: evidence from an implicit association test［J］. Journal of Experimental Psychology: General, 2006, 135（4）：609.

［202］Boyacigiller N. The Role of Expatriates in the Management of Interdependence, Complexity and Riskin Multinational Corporations［J］. Journal of International Business Studies, 1990, 21（3）：357－381.

［203］Bullough E. "psychical distance" as a factor in art and an aesthetic principle［J］. British Journal of Psychology, 1912, 5（2）：87－118.

［204］Charles Taylor. The Politics of Recognition, in Amy Gutmann（ed）

Multiculturalism: Examining The Politics of Recognition [M]. Princeton: Princeton on University Press, 1994.

[205] Chen T M, Barnett G A. Researchon International Student Flows from a Macro Perspective: A Network Analysis of 1985, 1989 and 1995 [J]. Higher Education, 2000, 39 (4): 435 –453.

[206] Deardorff, A, Stern R. Measurement of Non-Tariff Barriers [M]. Michigan: University of Michigan Press, 1998.

[207] Douglas Dowand Amal Karunaratna. Developing A multi-dimensional in strument to measure Psychic Distance Stimuli [J]. Palgrave Macmillan Journals, 2006, 37 (5): 578 –602.

[208] Dunlevy J. The Influence of Corruption Language on the Pro-trade Effect of Immigrants Evidence from American States, 2006, 88 (1): 182 –186.

[209] Ehrhart, H, L. Maelan, R. Emmanuel, and J Raju. Does Migration Foster Exports? An Afican Perspective [J]. CEPII Working Paper, 2012 (38): 4.

[210] Garry Rodan. Transparency and Authoritarian Rule in Southeast Asia: Singaporean, Malaysia. , London and New York : Routledge Curzon, 2004.

[211] Golding, Peter & Murdock, Graham. Culture, Communication, and Political Economy, in James Curran and Michael Gurevitch (ed) Mass Media and society, by London: Edward Arnold, 1991.

[212] Greif, A. Contract Enforceability and Economic Institutions in Early Trade: The Maghribi Traders "Coalition", American Economic Review, 1993, 83 (3): 525 –548.

[213] Han J W, Yoo C W, Choe Y C. The Factors to Promote Internet Knowledge Sharing: Based on Social Capital Theory and Self-Expression Concept [J]. Journal of Agricultural Extension & Community Development, 2009.

[214] Javorcik, B S, Ozden, C, Spatareanu, M et al. Migrant Networks and Foreign Direct Investment [J]. Journal of Development Economics, 2011, 94 (2): 231 –241.

[215] Kogut B , Nath R. The Effect of National Culture on the Choice of Entry Mode [J]. Journal of International Business Studies, 1988, 19 (3): 411 –432.

[216] Mazzarol T, Soutar G N. "Push-pull" factors influencing international student destination choice [J]. International Journal of Educational Management, 2002, 16 (2): 82 – 90.

[217] Murat M. Out of Sight, not Out of Mind. Education Networks and Internatonal Trade [J]. World development, 2014 (58): 53 – 66.

[218] North, D C. Institutions, Institutional Change and Economic Performance [M]. Cambridge University Press, 1990.

[219] Parsons, C, Pierre, L V. Migrant networks and trade: the Vietnamese boat people as natural experiment [J]. Economic Journal, 2018, 128 (612): 210 – 234.

[220] Pavlenko A. Language of the Enemy: Foreign Language Education and National Identity [J]. International Journal of Bilingual Education & Bilingualism, 2003, 6 (5): 313 – 331.

[221] Peri G, Requena-Silvente F. The Trade Creation Effect of Immigrants: Evidence from the Remarkable Case of Spain [J]. Canadian Journal of Economics, 2010, 43 (4): 1433 – 1459.

[222] Racine N, Villeneuve P Y, Thériault M. Attracting Foreign Students: The Case of Two Universities in Québec [J]. Journal of Studiesin International Education, 2003, 7 (3): 241 – 252.

[223] Rauch, J E. Business and Social Networks in International Trade [J]. Journal of Economic Literature, 2001, 39 (4): 1177 – 1203.

[224] Rauch J E, Trindade V. Ethnic Chinese Networks in international Trade [J]. Review of Economics, 2002, 48 (1): 7 – 35.

[225] Sami Mahroum. Highly Skilled Globetrotters: Mapping the International Migration of Human Capital, R&D Management, 2000 (30): 674 – 688.

[226] Spolaore E, Wacziarg R. How Deep Are the Roots of Economic Development? [J]. Journal of Economic Literature, 2012, 51 (2): 325 – 369.

[227] Stuart Hall. Questions of Cultural Identity, 1996.

[228] Taylor S, Todd P. Decomposition and crossover effects in the theory of planned behavior: A study of consumer adoption intentions [J]. International Journal of Research in Marketing, 1995, 12 (2): 137 – 155.

［229］ Yeh C J. Age, acculturation, cultural adjustment, and mental health symptoms of Chinese, Korean, and Japanese immigrant youths. ［J］. Cultural Diversity & Ethnic Minority Psychology, 2003, 9（1）: 34.